EU TE AMO, MAS SOU FELIZ SEM VOCÊ

2ª edição

JAIME JARAMILLO

EU TE AMO, MAS SOU FELIZ SEM VOCÊ

Tradução
Sandra Martha Dolinsky

Academia

Título original: *Te Amo, Pero Soy Feliz Sin Ti*

Coordenação editorial: Débora Guterman
Assistência editorial: Cristiane Peroni
Capa: Compañía
Imagem de capa: © Joel Robison / Trevillion Images
Revisão: Tulio Kawata e Elisa Nogueira
Diagramação: Gustavo Abumrad

Dados Internacionais de Catalogação na Publicação (CIP)
Angélica Ilacqua CRB-8/7057

Jaramillo, Jaime
Eu te amo mas sou feliz sem você: pratique o desapego em todas as áreas de sua vida / Jaime Jaramillo ; tradução de Sandra Martha Dolinsky. -- 2. ed. -- São Paulo : Planeta do Brasil, 2018.
160 p.

ISBN: 978-85-422-0900-6
Título original: Te amo, pero soy feliz sin ti

1. Amor – Aspectos psicológicos 2. Comportamento de apego
3. Relacionamentos I. Título II. Dolinsky, Sandra Martha

16-1293 CDD 152.41

Índices para catálogo sistemático:
1. Amor – Aspectos psicológicos

2018

EDITORA PLANETA DO BRASIL LTDA.
Rua Padre João Manuel, 100 – 21º andar
Ed. Horsa II – Cerqueira César
01411-000 – São Paulo-SP
www.planetadelivros.com.br
atendimento@editoraplaneta.com.br

Àqueles que, inconscientemente, puseram
sua mente onde seu coração não queria estar.

Sumário

Introdução

Tive oportunidade de conhecer e trabalhar com milhares de seres humanos pelo mundo inteiro, desde os mais santos e iluminados até os criminosos mais desapiedados, e o que mais me impressionou foi ver que, apesar de provirem de diferentes raças, culturas, religiões e classes sociais, a maioria, no fundo de seu coração, quando os olho de perto, estão cheios de medos, temores e apegos, com o sofrimento permanentemente presente em suas vidas.

Existem muitos livros que falam do apego e infinitas técnicas usadas por psiquiatras e psicólogos, que foram transmitidas a seus pacientes, sempre na busca por vencer esse sentimento que tanto mal faz. Pessoas desesperadas procuram ajuda nas cartas, no tarô, nos médiuns, na regressão, na hipnose, na magia ou em qualquer terapia que ofereça soluções rápidas e instantâneas.

Tratamos com compressinhas de água morna o efeito e as consequências, mas não a causa real do problema, que está em nossa forma de pensar, na maneira de experimentar o mundo por meio de nossos sentidos e nas crenças com que fomos programados. Lembre-se de que aquilo em que você acredita é tudo o que aprendeu, de acordo com o país em que vive, a condição social à qual pertence e a época em que viveu sua infância e juventude. Mas quero que entenda que a verdade absoluta não é necessariamente tudo aquilo em que você acredita, portanto você pode mudá-la.

O que as pessoas não conseguiram entender, compreender e processar é que *a solução real* para poder viver sem apegos não está do lado de fora e não depende de nada nem de ninguém. Ao contrário, *está dentro de cada ser humano.*

> *Um homem que ia caminhando pela rua notou uma mulher que se arrastava lentamente pela grama, debaixo de um poste de luz. Intrigado com o que essa mulher fazia, aproximou-se com a intenção de ajudá-la e perguntou: "Senhora, o que aconteceu? Precisa de ajuda?". "Sim, muito obrigada", replicou ela. "Estou procurando as chaves de minha casa." Ele, muito atento e solícito, abaixou-se e começou a ajudá-la a procurar as chaves. Passou-se um longo tempo e não as encontraram. O homem perguntou à mulher: "Tem certeza de que suas chaves caíram aqui? Não faz ideia de onde as deixou?". A mulher respondeu: "Na verdade, minhas chaves caíram na rua da frente". Surpreso, o homem perguntou: "Pode-se saber, então, por que as está procurando aqui, em vez de estar procurando ali?". E a mulher respondeu: "Estou procurando aqui porque há mais luz, conheço melhor este lugar e, além do mais, é muito mais confortável".*

Assim absurdo, como o que ocorre nessa história, é o apego. Estamos procurando nossa liberdade emocional e nossa paz do lado de fora, onde aparentemente vemos mais luz, mais conforto e mais prazer, quando, na realidade, devemos procurá-la dentro de nós, mesmo que no início seja mais desconfortável, escuro e difícil. Então, a solução para que realmente possa existir uma transformação profunda é espiritual. Quando falo de espiritual não quero dizer que você precisa frequentar uma igreja ou assistir a cultos por horas intermináveis, ou bater no peito, abraçando fanatismos e sacrifícios inúteis que desafiam a lógica e o bom senso, e sim *atingir o estado natural de consciência que é o amor, contrário ao apego e ao medo.*

Não quero fazer uma dissertação científica, nem filosófica, nem psicológica sobre o comportamento humano; nem quero debater teorias ou hipóteses fundamentadas em um amplo espectro de pesquisas. Ao contrário, pretendo fornecer ferramentas simples e eficientes que já ajudaram milhares de pessoas pelo mundo inteiro, sem importar sua religião, cultura, idade ou condição social, a saírem das garras do pior dos vícios, que para mim é o apego. Essas ferramentas, produto de um amálgama entre o poder da espiritualidade do Oriente e a beleza que nos oferece o mundo real da matéria do Ocidente, dão a oportunidade de alcançar paz interior e tranquilidade para que possa explorar, com independência, novas oportunidades e encontrar significado e sentido em sua vida. O importante é que consiga *viver livremente*, *sem apegos* e *sem medos.*

A felicidade vem conosco no momento de nascer. Não importa onde nasçamos, sob que cultura ou influenciados por que religião, ou se nascemos ricos, pobres, bonitos ou feios. Todos podemos ser felizes, já que esse é nosso verdadeiro estado natural.

Não importa em que situação específica você se encontre; o importante é o que hoje escolherá e decidirá fazer para seguir em frente, pois a única verdade que existe é que, se você mesmo não o fizer, ninguém poderá fazê-lo em seu lugar. Lembre-se sempre de que, *onde puser sua mente*, *estará seu coração.*

CAPÍTULO 1

Entendendo o apego

Quem vive no mundo do apego fecha as portas do paraíso e abre as portas do inferno

O que é realmente o apego?

A fumaça pesada e o cheiro proveniente das drogas daquele cemitério de almas em que me encontrava naquela fria noite em Bogotá faziam-me sentir, por momentos, tão estranho e tão distante, mas ao mesmo tempo tão próximo e tão comum, que eu não conseguia entender. No meio daquela estreita e tenebrosa rua onde há poucos anos viviam muitos indigentes, conhecida por todos como a "rua do cartucho", aproximou-se uma mulher idosa e encurvada, enrolada em uns farrapos velhos, rosados e sujos. Lembro-me de seus olhos chupados em suas cavidades, seu rosto totalmente enrugado, e uma profunda expressão de dor e angústia no semblante. Ao se aproximar de mim, em vez de me chamar de *papá* Jaime, como todos os habitantes da rua me conhecem, disse: "Jaime Eduardo, não se lembra de mim?". Eu não entendia como alguém que vivia ali podia me chamar por meu nome de batismo, visto que as únicas pessoas que me chamavam assim eram membros de minha família ou pessoas muito próximas que compartilharam comigo a infância ou a adolescência, quando estava em minha cidade natal. Imediatamente entendi que ela vinha dali. Por razões óbvias, eu não tinha nem ideia acerca de quem se tratava. Ela, com seu inconfundível sotaque, contou-me que era Patricia, uma garota que havia compartilhado comigo alguns anos de minha adolescência. Eu não podia acreditar que aquela garota divina, que em meus anos de juventude me impressionara por sua beleza e elegância ao andar, se transformara praticamente em uma idosa que mal podia caminhar. Imediatamente, em meio à minha surpresa, abracei-a forte e docemente. Eu podia sentir o tremor de seu frágil corpo, e as lágrimas que começaram a correr por suas faces lavaram meu rosto. Finalmente parou de chorar e me disse: "Por favor, preciso que você me ajude. Estou nesta vida há três anos, levada pela droga, pela angústia e pelo medo".

A seguir, fomos para um local que mais parecia um bordel de quinta categoria, onde a música estridente e triste parecia feita especialmente para esse lugar tenebroso e fúnebre. Ao nos sentarmos, disse a ela: "Conte-me tudo, quero ouvir o que lhe aconteceu". Ela, com um olhar disperso e tomado de medo, teve o cuidado de me explicar que a história era longa. Eu disse que tinha tempo suficiente para ouvi-la, desde que ela realmente quisesse que eu a ajudasse a sair desse inferno em que estava vivendo. Ela disse: "Eu era uma mulher feliz e de sucesso; você sabe, tinha tudo o que uma mulher gostaria de ter: uma boa família, um marido excelente, um belo filho, uma profissão, estabilidade financeira, poder, prestígio e reconhecimento em meu círculo social. De uma hora para outra, como se me houvessem feito um feitiço, minha vida entrou em colapso e tudo começou a desabar diante de meus olhos: meu marido foi sequestrado e posteriormente assassinado; uns meses depois, meu filho mais velho morreu; como se não bastasse, a empresa que meu marido tinha quebrou e minha vida social foi a pique. Comecei a consultar um psiquiatra e a usar antidepressivos. Apaixonei-me por ele, que também estava passando por uma época muito difícil. Acabei alcoólatra, e o vício foi me arrastando pouco a pouco, até que perdi todas as esperanças na vida. Pensei muitas vezes em me jogar na rua para que um carro me atropelasse ou em me envenenar, para ver se conseguia descansar em paz junto a meu filho na outra vida".

Depois de ouvi-la atentamente, disse a ela: "Seu problema está única e exclusivamente em ter vivido sua vida dependendo das coisas e das pessoas, o que lhe gerou um apego muito grande. Quando perdeu essas coisas, sua vida desabou. Por estar mergulhada nessa angústia e desespero, a vida, que é algo belíssimo, foi passando a seu lado e você não percebeu. Precisa começar realizando um trabalho profundo dentro de si, para que comece a recuperar sua vontade de viver".

Milhares e milhares de seres humanos ao redor do mundo vivem suas vidas como Patricia. Alguns chegam ao fundo do poço, como no caso dela, mas outros vivem enganados, aparentando estar bem, quando na realidade suas vidas são completos infernos.

Vivemos em uma sociedade na qual, de uma forma ou de outra, todos dependemos de outros para tudo. Precisamos de quem nos forneça alimentos, roupas, remédios etc. Precisar dos outros para essas coisas não está errado, visto que é uma forma de intercâmbio de produtos e serviços básicos para a vida. *O problema surge quando dependemos psicológica e emocionalmente de outras pessoas ou dependemos de certas coisas*, seja poder, reputação, dinheiro, fama ou aprovação para ser felizes, visto que, quando não conseguimos aquilo que desejamos ou não possuímos quem queremos, ficamos perturbados e perdemos o que julgamos ser a felicidade. É nesse momento que nosso desejo se transforma em apego e começamos a sentir medo de perder essa pessoa ou coisa que supostamente nos dá felicidade.

O apego se nutre do medo, e esses medos são a origem de todo o sofrimento humano; devido a esses medos, desenvolvemos um sistema de autodefesa ou negação persistente que nos leva ao autoengano. Temos tanto medo de ser feridos que bloqueamos a percepção da realidade, mergulhando na inconsciência. Quando permanecemos adormecidos e inconscientes, estamos sofrendo e não conseguimos entender que no amor não existem obrigações nem expectativas, ao passo que no medo tudo se baseia nelas.

Quando aceitamos o apego em nossas vidas, depositamos a felicidade do lado de fora e nas mãos dos outros. Já não depende de nós sermos felizes, e começamos a viver condicionados. Então, nossas vidas dão uma virada total porque não estão mais baseadas no *ser*, e sim no *ter*; inconsciente e temerosamente, estaremos sempre buscando a aprovação dos outros e não seremos felizes se não tivermos tudo o que desejamos ou se perdermos o que já conseguimos. Ou seja, fechamos as portas de nosso paraíso e abrimos as portas do verdadeiro inferno.

Tipos de apego

Experimentamos a vida por meio de nossos sentidos. Recebemos informações variadas de pais, professores, meios de comunicação, colegas de estudo etc. Toda essa informação está contaminada com crenças que vêm de tempos atrás, cheias de medo e temor, e que constantemente estão mudando. Quando permitimos que essas crenças se transformem em nossa verdade, a realidade se distorce, criamos nossas próprias crenças e começam a nascer diferentes tipos de apegos de acordo com as circunstâncias que estão sendo vividas. É por isso que todos os seres humanos têm, ao mesmo tempo, diferentes tipos de apegos. Uns podem ser mais fortes que outros, e alguns podem chegar a nos desestabilizar profundamente quando perdemos aquilo de que tanto precisamos. Existem três tipos de apegos que podem se manifestar de diferentes formas em nossas vidas. Eles, e a intensidade com que acreditamos precisar deles, podem mudar de acordo com a época da vida que estivermos vivendo. Devemos olhá-los com profundidade para identificá-los e entendê-los.

Apego afetivo

Quando adolescente, senti pela primeira vez a presença do apego afetivo em minha vida. Ainda me lembro dos lindos olhos verdes de quem foi meu primeiro amor. Chegam a mim de maneira vívida sensações cheias de magia, inocência, assombro e beleza. Durante essa etapa, tudo girava ao redor dela e, sem perceber, pouco a pouco fui deixando de lado assuntos importantes para poder estar junto a ela. Quando isso começou, o amor que eu sentia transbordou e transformou-se em uma obsessão; o que de início era um sonho, transformou-se em um sofrimento interminável, devido aos ciúmes, à insegurança e ao medo de perdê-la. Apesar de eu aparentemente ter tudo, sentia um enorme vazio e uma dependência muito grande dela.

Em minha inexperiência no assunto, cheguei a pensar que para amar devia sofrer, como ouvia nos boleros e tangos de Gardel da época. Notei que o que eu sentia acontecia também com meus amigos e familiares. A presença do apego afetivo nas pessoas era silenciosa, constante e daninha.

Em 1973, quando comecei meu trabalho de resgate de meninos e meninas das ruas de Bogotá, pude dimensionar a influência poderosa do apego afetivo nas pessoas. Algo que me pareceu incrível foi ver como meninas adolescentes e mulheres que viviam na rua – porque haviam sido maltratadas ou abandonadas por seus pais – rejeitavam a oportunidade que eu lhes estava oferecendo de ter um lar, amor e educação, devido ao apego afetivo. Elas preferiam continuar vivendo em condições subumanas, para poder acompanhar o homem que supostamente amavam e de quem não podiam fugir devido à inconsciência. Era maior o medo de perder o suposto amor que o medo que as tomava permanentemente de morrer assassinadas pelos esquadrões da morte, maltratadas por seu próprio companheiro, afogadas nas águas negras que passavam ao lado de seu barraco, ou simplesmente de fome, frio ou da violência implacável que se vive nas ruas. A maioria dessas mulheres vivia ali com seus pequenos filhos, a quem, em seu desespero, decidiam dar a mesma droga que consumiam para que não sentissem fome e frio. Tudo isso se tornava um círculo vicioso, no qual o entendimento e a razão se perdiam.

Por outro lado, via a manipulação e extorsão emocional de seus parceiros, também eles, por sua vez, com medo de perder suas companheiras. Apesar de não estarem o tempo todo com elas, exigiam fidelidade absoluta, e se ao voltarem depois de alguns meses as encontravam com alguém, descontrolavam-se de tal maneira que suas represálias iam desde simples ameaças verbais a agressão física e punhaladas que podiam acabar na morte delas ou de seus novos companheiros. Muitos desses garotos se aferravam à droga, vendo nela uma tábua de salvação, quando, na realidade, era a lápide que os enterrava no mundo da angústia, do desespero e do medo.

Desde essa época, o tema do apego afetivo me apaixona. Fui um defensor nato do verdadeiro amor (não do apego), da individualidade, da liberdade e da autonomia, que surgem como consequência do amor. Se as pessoas convivessem segundo essas bases, tudo seria mais harmonioso e não existiria tanto sofrimento.

Com o passar do tempo, fui conhecendo e vivendo de perto incontáveis casos de apego afetivo. Acho que é um dos piores vícios, que origina um grande número de consequências nefastas. Durante nossa vida, podemos sentir o apego afetivo por qualquer pessoa que se transforme em nossa razão de ser. Pode ocorrer em uma relação entre mãe e filho, marido e esposa, namorados, ou em qualquer relação na qual se perca a identidade por estar vivendo por meio da outra pessoa. Vi casos de apego afetivo até pelos animais de estimação com que convivemos.

Quando a pessoa não pode possuir quem deseja, surge a *dependência afetiva*. Então, procura substituir esse desejo insaciável e o vazio que isso gera por outros tipos de vícios, que são produzidos inconscientemente em sua própria mente. Vícios em drogas, álcool, trabalho, sexo, jogo, comida, dentre outros; vícios que finalmente se tornam seus aliados, levando a pessoa a estados depressivos ou disfuncionais que, em casos extremos, conduzem o viciado pelo caminho do sofrimento, do homicídio ou do suicídio.

O apego afetivo se manifesta com maior intensidade entre casais ou diante da morte de uma pessoa querida e próxima.

Os casais

Em nossos relacionamentos amorosos, vivemos diferentes situações e acontecimentos que, por não os sabermos conduzir, podem nos levar a uma vida medíocre e sem sentido.

Algumas pessoas, por múltiplos medos, como a perda da estabilidade econômica, a rejeição social, a estabilidade emocional de seus filhos, o fato de se sentirem pecadoras e indignas perante a religião que professam ou simplesmente pelo medo da solidão, decidem permanecer unidas a seu parceiro por muitos anos. Como agem contra seus princípios e a razão, levam uma vida miserável e infeliz. O mais surpreendente é que muitas dessas pessoas não querem sair desse estado. Há até casais que vivem em um ressentimento silencioso, esperando a oportunidade de se vingar.

Outras, em nome desse suposto amor, sacrificam sua felicidade para satisfazer o ego da outra pessoa e acabam como escravas: submissas, pisoteadas, menosprezadas e enganadas. Essas pessoas se esquecem de viver suas próprias vidas e sonhos para viver apenas o sonho dos outros.

Existem casais, também, que viveram intensamente uma relação, mas, por alguma razão, o amor se esgotou, acabou, e, no entanto, negam-se a aceitar isso. Como mecanismo de defesa do ego, procuram uma maneira de se compensar por meio da esperança, sua ferramenta preferida, geralmente associada ao autoengano, que os impede de ver com clareza a situação. Sua autoestima se vê afetada e machucada, sentem-se presos, sem saída, e todos os seus sentimentos se confundem. Facilmente, passam do amor e da alegria ao ódio e à tristeza, e vice-versa, com uma simples ligação telefônica, uma mensagem pela internet ou a visita imprevista da pessoa que os abandonou. Ao perder a pessoa que é objeto de seu apego, teimosa e obstinadamente, não aceitam a realidade nem querem prescindir daquilo que lhes faz mal e que está fora de seu controle. Sentem que todos os seus sonhos desabam diante deles, como quando um castelo de areia se desfaz com a primeira onda que o cobre. Assim, passam anos inteiros mergulhados na desolação e na tristeza, pensando que nunca poderão encontrar outra pessoa que preencha esse vazio.

Por último, há pessoas que consideram que não estão apegadas a seu parceiro, visto que supostamente compartilham de maneira tranquila e estável. Essas pessoas só chegam a entender que vivem apegadas quando têm um problema com seu parceiro e começam a sentir a angústia silenciosa relacionada ao medo de perder essa pessoa. Nesse caso, o apego é invisível e facilmente se confunde com o amor.

Falam-nos do amor incondicional e eterno. E eu me pergunto: o que há de mais condicionado e fácil de se perder ou acabar que o amor de um casal? Ainda mais quando, em alguns casos, nossos interesses, sonhos e expectativas são diferentes dos da outra pessoa. O amor verdadeiro é baseado na confiança, no respeito à liberdade e à autonomia do outro; não manipula nem controla, simplesmente contribui e inspira a compartilhar nossa vida com a pessoa que amamos.

Por que nos aferramos a esse ser humano que nos faz tanto mal? Como podemos amar realmente quando aceitamos incondicionalmente deixar de ser o que somos?

Existem muitos comportamentos totalmente ilógicos aos olhos dos outros, mas as pessoas que se encontram em uma relação de dependência sempre procuram uma razão para justificá-los. Elas não podem ver com clareza a realidade e chegam a fazer coisas totalmente estranhas a fim de conservar a pessoa que dizem amar.

Quando a relação de um casal está chegando ao fim, é preciso estar alerta; nesse momento, a mente, que é acomodada e inconsciente, não vai querer perder seu poder de manipulação. Sua ferramenta predileta é a chantagem emocional, desde uma simples frase (quero morrer; a vida não tem sentido sem você; vou me suicidar; como você fez isso comigo, se eu sacrifiquei toda minha vida por você; pense muito bem no que está fazendo, porque você vai se arrepender; se quer ir, vá, mas vai ficar sem um tostão), até gritos, desprezo, insultos, agressão física, maus-tratos, abuso de álcool e drogas e tentativas de suicídio.

A morte de uma pessoa querida

Algumas pessoas depositam toda sua felicidade no ser humano com quem convivem. Pode ser seu companheiro, seus filhos, seus pais, sua família ou seus amigos. Se essa pessoa morre, é tanto o aturdimento emocional que não concebem a vida sem ela; podem chegar até a desejar ter morrido primeiro ou junto com a pessoa querida. Sentem que a vida sem ela já não tem sentido, ou seja, que a felicidade foi sepultada junto com quem morreu.

Se este é seu caso, neste momento, você pode estar experimentando um misto de emoções. Pode se sentir confuso, triste, angustiado, zangado, assustado, culpado ou simplesmente vazio. Pode perceber que seus pensamentos se intensificaram e que é impossível dominá-los, visto que tem dificuldade para dormir, comer ou se concentrar em uma tarefa. Internamente, pode estar lutando contra a dor e aparentando estar bem para que os outros não desabem ou não se preocupem com você. Isso e muito mais pode estar lhe acontecendo. A única coisa certa é que não deseja mais conservar essa sensação, que é mais forte que você.

A intensidade dos sentimentos e das emoções depende, em grande parte, de sua situação e do tipo de relação que mantinha com a pessoa que faleceu. A circunstância em que essa pessoa morreu pode estar influenciando seus sentimentos. Por exemplo, se essa pessoa vinha padecendo uma doença, talvez você tenha tido tempo de processar sua morte, embora isso não implique que seja mais fácil aceitá-la. Se essa pessoa querida sofreu muito antes de morrer, você pode até sentir-se aliviado. Se a pessoa morreu de maneira repentina, sua dor e seus sentimentos podem ser ainda mais intensos.

Esses sentimentos, e muitos mais que você possa experimentar, são normais. As pessoas se perguntam se em algum momento poderão tornar a viver tranquilamente como quando tinham essa pessoa, pois já não podem conceber a vida sem ela.

Para muitos, esse processo, conhecido como luto, pode durar um tempo, e pouco a pouco recuperam a tranquilidade e a normalidade. Mas existem pessoas que não se recuperam nunca; mergulham em um sofrimento intenso que as pode levar a estados lamentáveis. Pergunto a essas pessoas: por que, apesar de a pessoa querida ter morrido, não aceitam essa perda e escolhem sofrer intensamente e se perturbar por períodos prolongados? De que serve sentir essa dor e esse sofrimento? A quem podem beneficiar com isso? À pessoa que se foi ou às que ficaram aqui?

Hoje, precisamos entender que não há ninguém eterno neste mundo, que estamos aqui de passagem, que temos de carregar pouca bagagem e que, assim como chegamos a esta vida, vamos embora dela. O problema é que a crença que nossa sociedade tem acerca da morte é de não aceitação e sofrimento. É por isso que nos programam para que nos perturbemos, para que choremos, guardemos luto e vivamos amargurados por períodos muito prolongados, para supostamente honrar a memória do falecido e para, inconscientemente, chamar a atenção e inspirar dó nos outros. Se não agirmos assim, seremos desrespeitosos e a sociedade nos julgará de maneira implacável e nos condenará.

Existem duas opções para lidar com a perda de uma pessoa querida:

- Tornar-se rebelde, teimoso, orgulhoso e não aceitar a vontade de Deus, tomando a decisão de viver o resto da vida agarrado a essa pessoa que perdeu. Então, você sofrerá. Poderá viver de luto o resto da vida, lamentando-se e se desgastando emocionalmente em uma luta interminável por não aceitar essa realidade.
- Ou, ao contrário, tomar consciência e compreender que, querendo ou não, a pessoa que tanto amava não estará mais com você. Aceitando com humildade e resignação que você não tem o poder de conduzir nem manipular os acontecimentos externos, que estão fora de você, não sofrerá. Entenderá que, no fim, tudo passa e tudo flui.

As situações descritas anteriormente estão cheias de perguntas. Possivelmente você está confuso e não pode compreender que existe uma solução para sair da crise. Isso se deve ao aturdimento em que se encontra. Embora não acredite, apesar de sua dor, se abrir sua mente a novas possibilidades, verá que conseguirá superar sua dor. *A decisão está em suas mãos.* Você pode ficar no buraco em que se encontra ou sair dele e ver o mundo de uma perspectiva que trará alegria, paz e felicidade à sua vida.

Apego material

Nasci em uma família tradicional do centro da Colômbia, na qual o amor e a união familiar são muito importantes. Manizales, cidade que levo em meu coração e onde passei os melhores anos de minha infância e adolescência, caracterizava-se especialmente pela forte separação que existe entre classes sociais. O fato de uma pessoa ser de "boa família" estava totalmente ligado a ter dinheiro e poder suficientes; quanto mais dinheiro você tinha, de melhor família era. Assim, cresci em meio a muitas crenças a respeito da importância de se ter dinheiro, triunfos e poder para aparentar diante dos outros, e para, supostamente, ser feliz. Minha vida sempre foi marcada pela inclinação de ajudar os mais desprotegidos; por isso, geralmente era criticado e considerado "fora do comum".

Por isso e porque nunca me regi pelo que a sociedade dizia que se devia fazer ou não, desde pequeno fui visto como um ser "louco" e diferente. Embora lutasse para que minha vida fosse regida por meu espírito, e não pelo material, pouco a pouco fui me contaminando com essas crenças de possuir, ter e desejar. Passaram-se os anos e, paralelamente a meu trabalho pelos mais necessitados, fui desenvolvendo uma carreira profissional que me levou a grandes vitórias. Chegou um momento em minha vida em que o dinheiro, o reconhecimento e o poder se transformaram no mais importante para mim. Fui agraciado com muitos prêmios ao redor do mundo, tanto por meu desempenho profissional como por minha contribuição à humanidade no campo da paz, infância desamparada e direitos humanos. Apesar de esse mundo ser encantador, eu tentava manter um equilíbrio, fortalecendo meu espírito diariamente, visto que nunca considerei que isso era o que realmente me dava paz e tranquilidade.

Anos depois, chegou o inesperado. De uma hora para outra, minha vida se transformou totalmente e perdi todas as coisas materiais que havia conseguido. Nesse momento, parecia que, ao perder o dinheiro, também ia perdendo aqueles que considerava meus amigos. Pela primeira vez em minha vida, senti-me preso, sem saída; achei que o céu e a terra estavam desabando. Senti o que era não ter dinheiro nem nenhuma possibilidade aparente de sair da situação. Em meio a toda essa confusão e escuridão, quando achava que todas as esperanças haviam se perdido, visto que as soluções possíveis que o mundo me oferecia não me serviam, pela primeira vez decidi buscar a luz e a solução em meu mundo interior. Foi nesse maravilhoso instante que despertei de minha inconsciência e percebi que o que havia vivido até esse momento era um pesadelo, pois todas as coisas que obtivera e julgara serem a fonte de minha felicidade nesse momento eram a raiz e a causa de minha infelicidade e sofrimento. Hoje dou graças a Deus, porque esse caminho espiritual que iniciei quando criança me deu sabedoria e maturidade suficientes para poder resolver e seguir em frente, apesar desse golpe que, para mim, foi uma grande experiência, porque, a partir desse momento, minha vida deu uma virada total e eu me libertei de todas as correntes que me fizeram sofrer.

Enquanto eu tive a sorte de encontrar a riqueza interior que estava em meu coração para agir e seguir em frente, meu sócio, infelizmente, deixou-se arrastar pela angústia e pelo medo de ter perdido tudo e, diante dessa situação, reagiu de maneira equivocada, tentando tirar a própria vida. Em seu desespero, pegou uma pistola e deu-se um tiro na têmpora, com a firme intenção de se matar, mas, por alguma inexplicável razão, não atingiu seu objetivo; a bala saiu por um de seus olhos, deixando-o cego e semiparalítico pelo resto da vida.

Quando as pessoas centram sua felicidade no ter e possuir, chegam facilmente onde jamais desejariam: viver com uma pessoa com quem não querem estar; fazer trabalhos que odeiam; estar na rua levados pela droga e pelo vício; permanecer trancados pelo resto de suas vidas em uma prisão. No afã de possuir, em sua inconsciência, ficam obcecados e cometem delitos ou, em casos extremos, tentam tirar a própria vida.

Vi milhares de pessoas pelo mundo inteiro que sofrem e acabam com a vida quando vivem um fracasso econômico, e também vejo, diariamente, outras que sofrem e se desgastam emocionalmente por medo de perder os bens e pertences que conseguiram.

Tudo isso se deve ao fato de, desde muito pequenos, sermos educados para *acreditar que a felicidade está no ter, possuir e ostentar*. Por essa razão, caímos facilmente no engano e na armadilha mental de acreditar que valemos mais pelo que temos do que pelo que somos.

Você pode ser recordado como o homem mais rico do cemitério, mas a realidade é que, em sua viagem à eternidade, você não poderá levar absolutamente nada; nenhuma de suas riquezas nem posses materiais pelas quais sacrificou sua vida.

> *Em certa ocasião, um grande mestre da espiritualidade, que pregava o tempo todo a importância de se desprender das coisas materiais, foi convidado por seus discípulos a uma feira de artesanato do Oriente, onde havia diversos produtos importados de outros continentes. Ao entrar no primeiro pavilhão, o mestre tardou o triplo do tempo que todos os outros para percorrer o recinto. Seus discípulos, estranhando, foram verificar por que razão o mestre demorava tanto. Encontraram-no, para surpresa deles, completamente absorto e embevecido, contemplando um por um todos os objetos importados que havia nesse lugar.*

Seus discípulos, sem saber o que estava acontecendo, perguntaram-lhe: "Mestre, você que fala tanto da espiritualidade e do desprendimento, por que se demorou tanto a percorrer esta luxuosa sala?". O mestre, sorrindo, olhou-os nos olhos e disse: "Queridos discípulos, têm toda a razão; minha demora se deve ao fato de eu estar totalmente assombrado e perplexo de ver a quantidade de coisas materiais de que eu não preciso para ser feliz".

Apego ideológico

Numa linda manhã, quando vinha descendo da montanha depois de minha meditação diária ao amanhecer, ao entrar em um bosque de eucaliptos, encontrei algo que me deixou sem fôlego. Eu não podia acreditar no que meus olhos estavam vendo; o terror, o pânico e a confusão se apoderaram de minha mente. Eu tinha diante de mim o quadro mais sanguinário e desapiedado que já vira até então.

Espalhados pelo chão, surrados e ensanguentados, encontravam-se diante de mim meninos e meninas de rua que haviam sido assassinados. Para minha surpresa, eu conhecia a maioria dessas crianças. Estavam lá Paisa, Pedrito, Chinche, María, Mocosa e Sandra, entre outros. Quando vi esse quadro desesperador, sem entender o que acontecera, fui tomado por um sentimento e uma força imensa que me levou a investigar e mover céu e terra para descobrir o que havia por trás daquele massacre. Foi assim que descobri o segredo que muitos conheciam. Existia uma maneira de pensar a problemática dos meninos de rua que ia ganhando força e que cada vez estava arrastando mais gente a sua volta. "A única forma de reabilitar um menino de rua é matando-o, porque, assim, não teremos que corrigir o criminoso de amanhã." Essa era a ideologia de um grupo de pessoas inescrupulosas, cheias de ressentimento e sede de vingança, que constituíram o que chamaram de "esquadrões da morte". Seu objetivo era "limpar" as ruas de meninos e meninas que eles consideravam "descartáveis".

Assim como fatos tão isolados e únicos como este acontecem devido a uma forma de pensar e sentir, se analisarmos um pouco a história da humanidade, veremos que, por trás de cada guerra e de cada acontecimento bárbaro, também sempre existiu um apego ideológico, uma crença falsa ou um fanatismo extremista. Geralmente, por tentar defender essas ideias, em nome de Deus ou da paz do mundo, de um país, de uma religião, de um partido político, de um time de futebol ou de uma causa qualquer, grupos arriscam suas vidas e as de pessoas inocentes, sem se importar com as consequências nefastas a que podem chegar.

Da mesma maneira, dependendo de onde tenha nascido e vivido, você pode ter uma série de ideias às quais se apegou; não as solta e acredita que são sua única verdade. Você pode estar, por essa razão, sofrendo ou fazendo sofrer as pessoas que estão a seu redor.

A decisão está em suas mãos

Se seu parceiro o deixou ou lhe foi infiel; se um filho ou seu pai morreu; se você não está satisfeito com a relação que tem e quer melhorá-la; se perdeu dinheiro e coisas materiais que eram importantes para você e sua vida se transformou em um caos, se acredita que não pode ser feliz porque não tem o dinheiro que gostaria de possuir; se considera que suas crenças ou ideologias, sejam políticas, religiosas ou sociais, estão lhe causando dor ou se simplesmente precisa de um novo ar em sua vida, *a solução está em suas mãos.* Não importa qual é sua situação. De fato, a solução é a mesma para todos, e cada um terá que percorrer seu próprio caminho. É o momento de tomar decisões drásticas, pois, com certeza, o que você sente o está desgastando e não o deixa ser feliz. *É importante agir o quanto antes* e *deixar esse estado de passividade, inconformismo, tristeza ou ansiedade que o cerca.*

> *Na Índia, havia um mestre que possuía toda a sabedoria do mundo e que trabalhou toda sua vida para consegui-la. Nesse mesmo povoado, vivia um menino muito malicioso que queria enganar o sábio. Para consegui-lo, pegava diferentes objetos em suas mãos, ia até o sábio e lhe perguntava: "Sábio, o que tenho em minhas mãos?". Com muita paciência, o sábio lhe respondia e acertava: "Tem uma pedrinha vermelha e branca". O menino começou a se desesperar, porque, cada vez que visitava o sábio, ele adivinhava o que tinha nas mãos. Sempre lhe dizia: "Tem uma bolinha de gude, uma pedra, uma bolinha branca...". Em certa ocasião, o menino quis enganar o sábio de alguma maneira. Pensou muito, até que finalmente decidiu: "Já sei; vou procurar uma árvore onde haja um ninho com passarinhos, pegarei um em minhas mãos, irei ao sábio e lhe perguntarei: 'O que tenho em minhas mãos?'; ele me dirá que tenho um passarinho. Então, eu lhe perguntarei se está vivo ou morto. Se ele me disser que está vivo, eu o apertarei até matá-lo; depois, abrirei as mãos e lhe direi que errou, porque o passarinho estava morto. Mas, se me disser que está morto, então, abrirei as mãos para que o passarinho voe, e ele verá que se enganou".*

> *Com esse plano maquiavélico, o menino ficou muito contente, porque, finalmente, poderia enganar o sábio. Procurou a árvore, encontrou o ninho e também o passarinho; pegou-o em suas mãos, foi ver o velho sábio e lhe perguntou: "O que tenho em minhas mãos?". O sábio lhe respondeu: "Tem um passarinho". O menino ficou muito contente, porque o plano ia de vento em popa; então, disse: "É verdade, você é um sábio grande e nada lhe é impossível; mas, diga-me, o passarinho está vivo ou está morto?". O velho sábio, com a serenidade que o caracterizava, respondeu: "Querido filho, essa decisão está em suas mãos. Você pode escolher o que quer fazer com o pássaro: deixá-lo viver ou matá-lo".*

A decisão do que você realmente quer fazer com sua vida está em suas mãos. *É a única coisa que pode escolher e decidir que quer fazer.* Se abrir sua mente e seu coração, poderá ver além de seus apegos e entender qual é a verdadeira essência do amor. Nesse momento, você se liberará e poderá renascer, e nada mais nem ninguém o fará sofrer.

CAPÍTULO 2

O despertar, uma solução espiritual simples

Algumas pessoas vivem como se nunca fossem morrer e morrem como se nunca tivessem vivido

Algumas pessoas nascem, crescem, sobrevivem e morrem sem perceber que estavam adormecidas. Umas, no leito de morte, despertam e entendem que desperdiçaram suas vidas, mas já é tarde; outras, dentre as quais poderia estar você, tomam consciência e decidem agir para sair desse estado de inconsciência e desfrutar a vida tal como é.

Quando terminei uma palestra, uma mulher aproximou-se e me disse: "Peço-lhe um imenso favor. Quero que fale com meu pai, que está em seu leito de morte no hospital; tem uma doença terminal e sofreu por muito tempo". Quando cheguei ao hospital, falei com o pai dela. Estava muito angustiado e confuso, pois não conseguia encontrar a raiz de seu sofrimento, insatisfação e frustração. Perguntei-lhe quais haviam sido suas conquistas e as coisas mais importantes em sua vida. Após conversar e refletir, com lágrimas nos olhos, finalmente entendeu que perdera toda sua vida tentando ter, possuir, guardar, procurando sempre ser aprovado e reconhecido, e que realmente levara uma vida de dor, sofrimento e angústia. Quando tomou consciência, despertou dessa letargia e quis fazer algo, já não podia, era tarde demais. Mas sentiu-se feliz de poder entender antes de morrer e, em seu leito de morte, deixou um lindo legado a seus filhos e netos ao contar-lhes como desperdiçou sua vida.

Você já se perguntou se o que considera sua felicidade não é a causa de seu medo, tensão, frustração ou ansiedade? Parou para pensar se toda essa tensão, ansiedade e medo que mantém para conseguir essas coisas que deseja vale a pena? Eu o convido a fazer um exercício simples. Feche as janelas de seu exterior e, com os olhos totalmente fechados, pense na pessoa querida que você tanto ama e imagine sua vida sem ela. Sente que a vida não teria sentido? Que sem essa pessoa não poderia ser feliz? Que tal se eu lhe disser que sem essa pessoa você pode sim ser feliz? Provavelmente você me dirá que estou louco, que eu é que estou dormindo.

Mas eu repito que sim. O que preferiria, então? Sentir que você pode ser feliz estando ou não essa pessoa a seu lado, ou sentir que sem essa pessoa você não pode ser feliz?

Pense nesse ser que, nesse momento, o faz sentir angústia, tristeza e amargura. Acredita que essa amargura, essa dor, esses sentimentos ruins estão nesse ser? Não, você está enganado. Esses sentimentos ruins não estão nesse ser. Estão em você, em sua forma de percebê-lo, e isso dói. Não quer aceitar a realidade, prefere o autoengano, porque isso o mantém inconsciente.

Há gente que morre adormecida acreditando que foi feliz, mas a única coisa que viveu foi dor, sofrimento e a angústia de perder o que aparentemente a fazia se sentir bem.

Fizeram-nos acreditar que o ciclo natural da vida é primeiro ter, depois fazer e finalmente ser, quando, na realidade, primeiro devemos ser, depois devemos fazer e, por último, ter.

A primeira coisa que temos que fazer, então, é despertar nossa consciência e trabalhar no estado de consciência do *ser*;

assim são educados os discípulos do Oriente, e não como fazemos no Ocidente, onde fomos adestrados na inconsciência do *ter*.

Todo extremo é vicioso, e considero que o fanatismo por qualquer doutrina, religião ou filosofia destrói implacavelmente os direitos naturais do ser humano à felicidade, fazendo com que, em muitos casos, perca sua individualidade e sua identidade.

No Ocidente, é comum vermos que as pessoas centram sua felicidade nas coisas materiais, no culto ao corpo ou nas outras pessoas, o que gera um constante sofrimento, deixando a espiritualidade em segundo plano. No outro extremo, é comum encontrarmos no Oriente seres que vivem a filosofia do desprendimento total do material, livres de todo apego, especialmente afetivo, em busca da tão ansiada iluminação. Alguns deles, nessa busca, isolam-se totalmente do mundo material, deixam de lado as pessoas queridas e tudo de belo que a vida nos oferece no mundo real.

Considero que, vivendo nossa vida com equilíbrio, poderemos viver plenamente; por isso, fiz um amálgama entre o poder da espiritualidade do Oriente e a beleza que nos oferece o mundo real da matéria do Ocidente.

Para despertar e sair do estado de inconsciência em que estamos, devemos seguir alguns passos simples.

Os frutos desse processo poderão ser colhidos de acordo com seu compromisso e com sua fé, paixão e amor. O processo foi elaborado para que você experimente, processe e desenvolva a evolução de sua consciência. Partiremos do estado mental estático e paralisante, no qual você identificará a causa do que lhe acontece nesse momento. Ou seja, você perceberá que está adormecido e que talvez não queira acordar. A seguir, entraremos em um estado de entendimento, no qual avaliará como está vivendo sua vida, e deverá estar com uma mente aberta, disposto a questionar todos os seus condicionamentos e sistemas de crenças para desaprender tudo o que julgava ser verdade. Finalmente, chegará a um processo de desprendimento e libertação com o qual poderá aprender algo novo, que o levará a um estado de consciência superior, *apoiado na visualização criativa, na meditação e na prestação de serviço ao próximo.* Nessa última parte, você encontrará as ferramentas necessárias para compreender, fluir, aceitar, apreciar e chegar à tão ansiada paz interior.

Durante esse processo, vá analisando cada coisa e organize as informações, mas não se acelere nem espere obter resultados imediatos. Deixe que as coisas fluam; leve todo o tempo necessário. O importante é que mantenha uma ação eficiente, diária e contínua. Não esmoreça quando, por um momento, achar que não está obtendo os resultados desejados.

> *Em certa ocasião, um menino observava com muita atenção o casulo de uma larva. Viu que dentro havia uma pequena lagartinha tentando sair. Com todo o amor que um menino pode ter em seu coração, abriu o casulo com seus dedos e permitiu que a lagartinha saísse. O que o menino nunca pôde compreender foi que, ao acelerar o processo natural da lagartinha e ajudá-la a sair dali, suas asas não tiveram tempo para se formar; e ela nunca pôde chegar a ser borboleta.*
> *Se o processo natural de crescimento da larva não for interrompido, pode se transformar em lagarta e, finalmente, voar e se tornar uma colorida e linda borboleta.*

O mesmo ocorre conosco, seres humanos. Podemos viver num estado passivo de inconsciência toda nossa vida ou despertar nossa mente para eliminar o sofrimento e, posteriormente, transcender a um estado mais elevado de consciência, onde reine o amor puro e a paz interior. Todos possuímos a capacidade de escolher com livre-arbítrio o que queremos ser, onde queremos estar e onde queremos chegar, mas isso implica um processo. Devemos estar dispostos a viver cada fase de maneira profunda, para poder alcançar a paz e a tranquilidade interiores.

Como, então, aprender a realmente ouvir a voz do coração? O caminho real para o despertar está baseado somente na espiritualidade.

CAPÍTULO 3

A magia da espiritualidade

Só existe o amor no aqui e agora;
a espiritualidade na máxima expressão. É o eterno presente

Desde criança, inconscientemente, eu buscava a espiritualidade, e trabalhei com insistência durante muitos anos para atingi-la. Isso me levou a conhecer incontáveis mestres e seres iluminados na Índia, nas montanhas do Tibete e em outros países, onde tive a oportunidade de encontrar pessoas que contribuíram com minha busca. Sempre desejei encontrar o segredo de sua paz interior, queria saber o que é que os fazia diferentes. Finalmente, entendi que a espiritualidade não se encontrava em uma igreja, em um culto, em um hábito ou em um mosteiro isolado no Himalaia. Compreendi que ela não estava no exterior, e sim dentro de mim; que a espiritualidade não era uma meta, e sim cada passo que eu dava em meu caminho, com consciência, compreendendo, aceitando sem me perturbar e desfrutando plenamente o que chegava à minha vida, sem importar que tipo de acontecimento fosse. Descobri que a felicidade (para mim, um estado superior de consciência que está acima do prazer e que transcende a dor) estava dentro de meu coração quando eu estava no espírito, não na forma, que é a matéria. Quando abandono a forma e penetro em meu espírito, entro em um estado de inspiração, voo com o espírito. Nesse momento, nada, absolutamente nada, tem o poder de me perturbar.

A verdadeira espiritualidade consiste em que nada, nem ninguém, nem nenhum acontecimento possa nos perturbar. E se, por alguma razão, em algum momento algo nos perturbar, a espiritualidade nos dá o poder de escolher conscientemente e de deixar de lado aquilo que nos causa sofrimento.

A espiritualidade nos dá a oportunidade de observar tanto nossas forças como nossas fraquezas e nos dá a sabedoria para aceitarmos nossas fraquezas e para usar melhor nossas forças.

> *Um carregador de água na Índia tinha duas grandes vasilhas que pendiam das pontas de um pau que levava sobre os ombros. Uma das vasilhas tinha uma rachadura, ao passo que a outra era perfeita e mantinha toda a água no longo caminho a pé do regato até a casa de seu patrão. Ao chegar, a vasilha quebrada só continha metade da água.*
>
> *Por dois anos completos, todo dia acontecia a mesma coisa. A vasilha perfeita sentia-se muito orgulhosa de suas conquistas; cumpria sua tarefa. Mas a pobre vasilha rachada estava muito envergonhada por seu defeito e sentia-se miserável: só podia cumprir metade de sua tarefa.*
>
> *Depois de dois anos, disse ao aguador: "Estou envergonhada e quero me desculpar com você". "Por quê?", perguntou o aguador. "Porque, devido a minhas rachaduras, você somente entrega a metade de minha carga e só obtém metade do valor."*
>
> *O aguador sentiu-se muito pesaroso pela vasilha, e, com compaixão, disse a ela: "Quando voltarmos à casa do patrão, quero que veja as belíssimas flores que crescem ao longo do caminho".*

De fato, havia muitas lindas flores, mas, de qualquer maneira, a vasilha continuava muito triste porque, no fim, só levava metade de sua carga.

O aguador disse: "Você percebeu que as flores só crescem do lado em que você está? Eu sempre soube de suas rachaduras e quis tirar vantagem disso; plantei sementes de flores ao longo de todo o caminho e todos os dias você as regou. Durante dois anos, pude colher as mais lindas flores para adornar o altar de meu mestre".

São Francisco de Assis, em uma linda passagem, disse: "Deus, concedei-me serenidade para aceitar as coisas que não posso mudar, dai-me a coragem para mudar as que posso, e sabedoria para entender a diferença que há entre elas".

Para entender realmente a espiritualidade e a relação que existe entre o corpo, a mente e o espírito, é importante entender primeiro o conceito simples de energia e matéria, que configuram seu *ser* integral.

Existem diferentes campos de energia cercando sua vida. Eles se manifestam no corpo físico, no campo mental e no campo da consciência por meio de suas emoções. Do mesmo modo, em cada um desses campos você vibra em diferentes frequências. Quando suas energias são inferiores, ou seja, quando sua emoção é negativa (raiva, rancor, ciúmes, inveja, manipulação, medo, frustração, culpa etc.), você vibra em uma frequência muito baixa, o que o leva facilmente à ansiedade, à depressão e a sentir um vazio que nada nem ninguém pode preencher. Quando, ao contrário, suas energias são superiores, ou seja, sua emoção é positiva, você vibra em uma frequência mais alta, o que o libertará do mundo das formas e da matéria para encontrar o amor verdadeiro e sua ansiada paz interior.

Para conseguir a paz interior e a harmonia total, deve existir um equilíbrio apropriado entre o corpo, a mente e o espírito, os quais se movem nesses diferentes campos energéticos.

Nosso corpo é composto de corpo físico e energia.

O *corpo físico* é como nos vemos, como geneticamente somos definidos desde a concepção. Muitos de nós se preocupam com o corpo, que precisa de exercício físico, bons hábitos alimentares e um bom cuidado geral. Quando temos um problema no corpo é fácil detectá-lo, porque os sintomas se refletem imediatamente em forma de doença, dor e perda de energia. Trabalhar o corpo e ver os resultados é simples, visto que é algo tangível, que você vê e sente. Você precisa entender que seu corpo é o veículo que o pode levar a experimentar estados de consciência mais altos quando sua mente se conecta com seu coração.

A *energia* é o motor que nos impulsiona a agir e está diretamente ligada a nossas emoções. Por exemplo, quando estou deprimido, há ausência de energia ou baixa circulação na base ganglionar de meu cérebro. Essa energia está ligada ao campo físico, visto que convivem e compartilham o mesmo espaço o tempo todo. Se seu corpo físico se encontra em bom estado, seu corpo energético provavelmente também se encontrará, e vice-versa.

Todas as suas emoções são reguladas pela mente. A mente se nutre de pensamentos, negativos ou positivos. Se você tem pensamentos positivos e os mantém, gerará bem-estar, mas se tem pensamentos negativos e são esses que controlam sua vida, gerará mal-estar, e isso é o que você atrairá para sua vida.

Acima da mente encontra-se o intelecto, por meio do qual você pode conceituar, racionalizar e identificar os processos mentais que realiza.

Um fato em que quase ninguém consegue acreditar, e que resistimos a aceitar, é que o ego está acima de todos os campos anteriores. O ego é o controlador desses campos. O grande problema é que o ego está contaminado pela programação recebida durante a infância e a adolescência em nossos meios familiar, escolar e social. Devido a essas crenças, o ego sempre está buscando reconhecimento, aprovação, adulação, manipulação ou controle para conseguir o que quer, e nos obriga a fazer o que não queremos, apesar de o intelecto saber que não nos convém e que nos faz mal.

A maioria dos seres humanos vive dessa forma, quer dizer, está sobrevivendo, e não desfrutando plenamente a vida. Não entende e nem sequer sabe que existe outro campo no qual pode resolver os problemas.

Quero que hoje você entenda que existe uma solução espiritual simples para cada um dos problemas que criou. Basta começar a conduzir um campo superior de consciência que está acima de seu corpo, sua mente, seu intelecto e seu ego. Ao compreender isso, você estará dando o primeiro passo rumo ao despertar.

Esse é o campo da consciência pura. Para chegar a esse campo superior de consciência, você precisa se desprender dos medos produzidos e criados no mundo da forma, da matéria, que são pesados e que nos fazem vibrar em uma frequência baixa. São campos de energia inferiores que o amarram. Ao se livrar deles e entrar no campo do espírito, você estará inspirado, terá um novo ar e estará em sua essência pura, que é o amor. Assim como um raio de luz dispersa a escuridão, *o amor dispersará o medo*.

A visualização criativa e a meditação são as ferramentas que o guiarão para evoluir nesse campo, mas o que o potencializa e o ajuda a evoluir, crescer e transcender nesse campo infinito e intangível é *o serviço amoroso aos outros** e a tudo que o cerca, sem esperar nenhum tipo de compensação.

Se conseguir avançar até esse ponto, entrará no mais superior estado de consciência universal: o amor verdadeiro.

Para que possa entender e processar isso mais facilmente, quero explicar o seguinte:

Podemos experimentar a vida a partir de três posições perceptivas:

- **Primeira posição**: *Estou totalmente envolvido.*
  Estou experimentando e sentindo, através de todos os meus sentidos, o acontecimento que está se passando em minha vida. Por exemplo: quem me fazia feliz me abandonou ou perdi o que me dava prazer e segurança. Nesse momento, por estar totalmente envolvido, posso sofrer com a dor que perder isso me causa.
- **Segunda posição**: *Sou uma testemunha externa.*
  Fecho meus olhos e me dissocio do momento que estava vivendo e vejo-me como se fosse um observador diferente de mim. Vejo como essa pessoa (eu mesmo) está sofrendo pelo que perdeu. Sou um observador estático, não sinto fisicamente o contato com o acontecimento que está se desenrolando em minha vida, mas posso ver o sofrimento, como se estivesse acontecendo com outra pessoa. Nessa posição, posso escolher associar-me a essa emoção negativa e potencializá-la ou, ao contrário, conscientemente libertá-la para que não me afete.

---

* Em seu livro *Volver a lo básico*, o autor desenvolve detalhadamente esse tema.

- **Terceira posição**: *Sou um observador consciente e apreciativo.*
  É uma posição mais elevada, da qual observo com outros olhos – com os olhos de Deus – o acontecimento que tenho diante de mim. Nessa posição, posso ver esse acontecimento tal como é, não como eu julgava que era ou como obstinadamente queria que fosse. Nesse momento, poderei tomar as decisões adequadas para me libertar do sofrimento que estou padecendo. Uma vez tomada a decisão, deixo que as coisas fluam e não permito que meu ego apareça e oponha resistência, porque tudo aquilo a que resisto irá persistir e me debilitar.

Você experimentará o estado de consciência universal quando viver realmente sua vida nessa terceira posição; quando vir a realidade tal como é, quando a aceitar, desfrutar e fluir em constante apreciação das coisas simples da vida. Ou seja, nesse estado não há sofrimento, não há perturbação nem dor. Só existe o amor no aqui e no agora; a espiritualidade na máxima expressão. É o eterno presente.

> *Uma vez, um rei ofereceu um grande prêmio ao artista que pudesse captar em uma pintura a paz perfeita. Muitos artistas tentaram. O rei observou e admirou todas as pinturas, mas houve apenas duas que realmente lhe agradaram, e teve que escolher entre elas.*
>
> *A primeira era um lago muito tranquilo. Esse lago era o espelho perfeito no qual se refletiam plácidas montanhas que o cercavam. Sobre elas, encontrava-se um céu muito azul com tênues nuvens brancas. Todos os que olharam para essa pintura pensaram que refletia a paz perfeita.*

> *A segunda pintura também tinha montanhas, mas eram escabrosas. Sobre elas, havia um céu furioso do qual caía um impetuoso aguaceiro com raios e trovões. Uma espumosa corrente de água parecia retumbar montanha abaixo. Ali, nada parecia pacífico.*
>
> *Quando o rei observou atentamente, descobriu por trás da torrencial cascata um delicado arbusto que crescia em uma fenda da rocha; a arvorezinha tinha em um de seus galhos um ninho. Ali, no meio do rugir da violenta queda d'água, repousava placidamente um passarinho em seu ninho... A paz perfeita.*
>
> *O rei escolheu a segunda pintura e disse: "Paz não significa estar em um lugar sem barulho, sem problemas, sem trabalho duro ou sem dor. Paz significa que, apesar de estar em meio às vicissitudes, somos capazes de manter a calma dentro de nosso coração. Esse é o verdadeiro significado da paz".*

A espiritualidade está dentro de você e, quando começar a caminhar nela, verá que todos os problemas gerados por sua mente inconsciente se dissolverão em um instante. Por isso, considero que a espiritualidade é a solução mais simples e a que o levará a encontrar sua paz interior.

Observe o seguinte exemplo de uma pessoa que está inconsciente, sofrendo por ver tudo de um ponto de vista material, e que não entendeu que a única solução é ir para um estado de consciência mais alto. É nesse nível de inconsciência que as pessoas apegadas se locomovem e tentam, com angústia, viver a vida.

Uma mulher se ilude com um homem que lhe garante estabilidade emocional e econômica, paz e felicidade. Depois da conquista, casam-se; em pouco tempo, ela se dá conta de que tudo foi uma ilusão, que vive um pesadelo, pois o homem a despreza, a insulta e a faz se sentir como um inseto. Então, ele diz que precisa ficar sozinho, porque está passando por um momento muito importante na vida. E pede que deem um tempo.

O que acontece nesse momento? A mente dessa mulher dispara milhares de pensamentos negativos, associados, na maioria dos casos, a um alto índice de medo, dor, raiva e frustração. Ela sente medo ao perder essa ilusão criada em sua mente. Medo de perder seu conforto, a estabilidade emocional e econômica, de ficar sozinha novamente e do que dirão os outros quando souberem que seu casamento não funcionou.

Seu intelecto sabe que esse homem não era o que ela desejava. Desde o início, observou-o em diferentes situações, mas seu ego a levou ao autoengano e a ignorar seu erro; por isso, procura nele qualidades mínimas, maximiza-as e começa a admirá-lo imensamente. Em poucas palavras, ela se torna míope. Vê gigantes as pequenas qualidades e não consegue ver os grandes defeitos. Ou melhor, não os quer ver. Ela está adormecida, inconsciente, e o ego exerce o controle de sua vida. Vai pela vida no piloto automático, inconsciente, cheia de dor e sofrimento, acreditando que a vida é assim e que isso é o que lhe coube viver.

Na dependência amorosa, o autoengano pode se manifestar de diferentes maneiras, desde as mais doces até as mais violentas, com o único objetivo de amarrar, subjugar e manipular a quem se diz amar. Nesse momento, a razão se ofusca, idealizamos e justificamos essa pessoa, minimizamos seus defeitos, maximizamos suas pequenas virtudes, contamos mentiras a nós mesmos e, como se não bastasse, acreditamos nelas. Sem perceber, construímos castelos no ar, mundos imaginários de paraísos falsos onde tudo são ilusões passageiras, e nos negamos a aceitar a crua realidade.

Se ela escolhesse despertar de sua inconsciência e observar a partir da terceira posição perceptiva (observar de maneira consciente e apreciativa) o que está lhe acontecendo, o sofrimento desapareceria imediatamente, visto que ela poderia, a partir desse momento, ver as coisas tal como são, e não como teimosa e obstinadamente queria que fossem. Ao ver que é o medo que a mantém amarrada a essa relação, poderá enfrentá-lo, e assim o fantasma do medo desaparecerá.

CAPÍTULO 4

Voando com asas emprestadas

O problema é acreditar que estamos acordados, quando, na realidade, estamos adormecidos e inconscientes

Estes podem ser os minutos mais importantes de sua vida. O que você vai ler a seguir é algo tão simples que, talvez, já tenha visto ou ouvido, mas não entendido, processado e elaborado com consciência. Quanto tempo levará para captá-lo, entendê-lo e aplicá-lo? Isso depende apenas de você. Aqui, estou lhe dando as ferramentas, mas você pode levar um minuto, um dia, um ano, três anos, muitos anos, ou talvez nunca chegue a entender.

A primeira coisa de que precisa é abrir sua mente e seu coração para poder desenvolver sua capacidade de ouvir, o que não é tão fácil como parece, porque, às vezes, ouvimos a partir de crenças falsas, conceitos preestabelecidos e preconceitos. Ouvir não significa engolir. Questione o que lhe digo, reflita, mas não fique na defensiva; relaxe para que o possa experimentar em seu coração, processá-lo em sua mente e, com sua consciência, extrair o fruto para aplicá-lo em sua vida diária. Não precisa concordar comigo, mas poderá entender se estiver alerta, observando e apreciando sem condicionamentos, medos, preconceitos ou barreiras.

Já lhe aconteceu, enquanto dormia, de ter um pesadelo no qual aquilo de que tem medo o persegue? Você tenta fugir e, quanto mais corre, menos avança, até que acorda e sente um grande alívio ao saber que a angústia não era real? Provavelmente viveu com tanta intensidade esse pesadelo que, apesar de já estar acordado, em seu coração e mente permanece a lembrança totalmente viva.

"Que pesadelo!", é a primeira coisa que você pensa quando acorda. Foi um sonho horrível, e essa sensação dura poucos instantes; ao despertar e dar-se conta de que estava dormindo, entende que era só um sonho e deixa de se sentir perturbado. O mesmo ocorre quando você voa com asas emprestadas: suas ideias preconcebidas, seu sistema de crenças, suas ilusões e expectativas o estão fazendo sofrer, como nesse pesadelo. *Você está adormecido e não pode voar, porque suas asas são emprestadas*; elas não lhe pertencem. Isso é um sinal de que precisa acordar e substituir essas crenças por umas que lhe deem paz interior.

Para sair dessa encruzilhada, primeiro precisa entender que o sistema de crenças no qual foi educado está mal projetado ou não é o apropriado, porque lhe faz mal e causa dor.

Durante a infância, tentávamos por todos os meios satisfazer outras pessoas, que, na maioria, não eram felizes consigo mesmas, e nos desgastávamos emocionalmente tentando fazer com que nos aceitassem. Se observarmos uma criança que ainda não tenha sido contaminada pelo sistema de crenças, poderemos apreciar que o amor flui nela livre, natural e espontaneamente, e sua capacidade de assombro, felicidade e gozo são admiráveis. Por determinado tempo, esse amor permanece puro, até que seus pais ou tutores, que, na maioria, foram criados no medo (embora eles mesmos não saibam e o confundam com amor), começam a formar seus filhos da mesma maneira.

Durante anos, os pais coíbem a liberdade da criança, a desrespeitam, ignoram e comparam-na permanentemente com os outros, a assustam e atemorizam, fazendo-a se sentir culpada, dependente e insegura. Exigem dela que seja tal qual eles querem, sem se importar que a criança perca a essência de seu ser, ou seja, a capacidade de amar, de se impressionar, de fluir livre, espontânea e naturalmente diante de qualquer acontecimento.

Seus pais fazem isso em nome do amor, embora, talvez, a grande maioria nunca o tenha conhecido, não tenha fluído nele. Conhecem posse, ciúmes, poder, domínio, escravidão, mas não amor. Dizem e acreditam que amam a criança, mas o que realmente estão fazendo é injetando conhecimentos cheios de medo, prevenção e insegurança, transmitidos de geração em geração. Pouco a pouco, ensinam a criança a ser outra, a se parecer com as outras, e ela não tem outra alternativa senão fingir; então, começa a agir com hipocrisia. Com o passar dos anos, esse comportamento se transforma em um hábito inconsciente. Algum dia, alguém lhe dirá: "Por que está triste? Por que não sorri mais como antes?". Que ironia! Se semeia limão, como quer colher laranjas?

A única certeza é que, para satisfazer os outros, a criança aprende a sutil arte da manipulação. Torna-se calculista, fria e rígida, e sua essência, que era o amor, começa a se deteriorar, vai adormecendo; o medo começa a reinar em sua vida.

Então, pergunto: que tipo de educação estamos recebendo e dando a nossos filhos? Ensinam-nos que a etiqueta, os "bons modos" e a suposta cultura projetada por meio das máscaras sociais da hipocrisia, que busca poder, aprovação, prestígio e reconhecimento, é o caminho para vencer. Então... onde fica a essência do ser humano?

O sucesso, a conquista e as coisas produzem emoções passageiras e nos fazem sentir contentes e eufóricos. Convidamos nossos amigos a conhecerem nossa nova casa e o carro novo e nos sentimos felizes quando estreamos uma roupa. Mas o luxo, o conforto e a riqueza não são ingredientes da felicidade. Produzem um prazer que, cedo ou tarde, se transforma em dor pelo medo de perdê-los. *É a felicidade condicionada.*

Neste mundo da forma ensinam-lhe tudo, mas não lhe ensinam a ser você mesmo, a se conhecer e a compartilhar com alegria seu amor, livremente. Então, obrigam-no a ser o que não quer, a permanecer com alguém a quem não ama; para não perder seu conforto, sofrer ou ficar sozinho, você sacrifica sua felicidade; é justamente aí que se encontra a raiz de seu sofrimento. Essa é sua inconsciência.

Ao ver que nada nem ninguém o preenche, você sofre, porque está adormecido, inconsciente. Ensinaram-lhe que amar é depender, possuir, manipular, zelar, julgar, exigir, dominar; que para amar precisa estar amarrado permanentemente a uma pessoa e que não pode ser feliz se não estiver o tempo todo com ela.

Devido a essa programação, por muitos anos você acreditou que a pessoa que lhe causava tanta dor era sua felicidade; por isso mesmo, não a tendo hoje, sente uma ansiedade infinita em cada pedacinho de seu corpo, sente palpitarem as lembranças em sua alma, sente-se sufocar e gostaria de voltar no tempo para recuperar esses momentos. Ao ver que não voltarão, você se nega a aceitar a crua realidade. O simples fato de pensar que essa pessoa não está mais com você dói, como se seu caminho tivesse se acabado. *Você só consegue pensar em possuí-la, e não a quer libertar.* Por isso, é importante despertar, entender e retornar à essência real de seu ser.

> *Cristina, uma mulher como milhares de mulheres do mundo, a quem a vida outorgou grandes dons, qualidades e oportunidades, conseguiu materializar seus sonhos de se casar, ter filhos e trabalhar em uma*

empresa muito importante. Um dia, descobriu que seu marido a traía com sua melhor amiga. A partir desse momento, sua vida cor-de-rosa mudou. Perdeu sua vontade de viver, trancou-se em casa, não queria falar com ninguém e chorava o tempo todo. A depressão e seus medos levaram-na a tomar decisões que jamais teria imaginado.

Desesperada e cega pela angústia, pensou várias vezes em acabar com sua vida. Naquela manhã de março, dirigiu-se ao supermercado decidida a comprar um veneno para realizar seu desejo. Saindo da loja, parou em frente a uma tevê que transmitia o programa Muchos Buenos Días, *e ouviu-me dizer o seguinte: "No dia em que depositar a felicidade em outra pessoa, nesse dia, você se tornará um ataúde com pernas, porque sua felicidade não dependerá mais de você".*

Nesse momento, ficou paralisada em frente à tevê. Essas palavras retumbaram em seu coração: ela se sentia exatamente assim devido à traição de seu marido. Foi quando começou a despertar de sua inconsciência. Cristina me procurou para contar sobre sua experiência e para explicar como bastou uma palavra dita no momento exato para começar a deixar de lado tudo aquilo que a atormentava profundamente. Quando abriu sua mente, Cristina despertou e se transformou em uma amante fervorosa da vida e de tudo que a cerca.

Da mesma forma, se você hoje está sofrendo, pode ou não despertar. A decisão é sua. Só quero que compreenda que, em muitos casos, os seres humanos não querem despertar. Preferem continuar sofrendo, porque, ao fim e ao cabo, isso é parte da vida. *Fizeram do amor um sacrifício e se transformaram em escravos dele.*

Como saber, então, se você está adormecido? Quero lhe fazer esta pergunta: você tem sido realmente feliz?

Olhe para trás, examine um pouco sua vida, avalie a si mesmo e analise os acontecimentos vividos todos esses anos.

Voltando à infância: considera, sem se enganar, que foi realmente feliz? Doía quando seu pai ou sua mãe não o aprovavam ou reconheciam, ou seus colegas debochavam de você e não o aceitavam? Tudo o que você julgava que era felicidade e amor começou a lhe deixar rancores e raivas porque seu coração se enrugava e você sentia uma dor no estômago? Já chegou a sentir, alguma vez, um grande vazio e solidão quando seus colegas ou grupo social não o convidaram a participar de algumas atividades? Tudo o que você conseguiu e que muito provavelmente tem hoje lhe causa, em algum momento, ansiedade, dor, medo, estresse ou frustração? Você se perturba constantemente com o que acontece em sua vida? Sofre com frequência, mas pensa que isso é parte do fato de estar vivo? Há vivências que lhe roubam a paz interior?

Então, olhe-se bem e não se engane. Se você respondeu positivamente a alguma dessas perguntas, não é realmente feliz, vive uma felicidade disfarçada e está adormecido, como a maioria dos seres humanos. Mas não se dá conta, não sabe. Acha que a maneira como vive é como se deve viver, e que o sofrimento é parte natural de nossa existência.

> *Estava um mestre com seus discípulos. Um deles achava que já sabia tudo no caminho do autoconhecimento e da meditação e buscava formas de chamar a atenção de seus companheiros, fazendo-os sentir que sabiam menos que ele. De repente, o mestre se aproximou*

da mesa e, olhando para os olhos do aluno fixamente, começou a servir-lhe uma xícara de chá. O aluno sentia-se muito orgulhoso por ser a ele que o mestre se dirigia. Rapidamente, a xícara de chá se encheu até que começou a transbordar. Imediatamente, o discípulo, por reflexo, retirou a xícara, ao ver que o mestre continuava vertendo o chá sem se importar com o fato de a xícara já estar cheia. O mestre continuou, tranquilo e imperturbável, derramando o chá em cima do pires e da toalha de mesa, até que o líquido caiu no hábito do aluno. Este, totalmente espantado, levantou-se e perguntou a seu mestre: "Mestre, não percebe o que está fazendo? De que consciência o senhor fala?". E o mestre, sorridente, respondeu: "Meu querido discípulo, sua mente é como esta xícara de chá. Se não a desocupar de todos esses preconceitos, condicionamentos, sistemas de crenças, egos e apegos, tudo o que eu lhe der de nada servirá, porque transbordará e não cumprirá seu propósito original. Por isso, hoje você tem que despertar de sua inconsciência, abrir sua mente e desocupá-la das ideias preconcebidas com que viveu toda sua vida e com as quais chegou até aqui. Só assim poderá receber meus ensinamentos e encontrará a sabedoria que necessita para realizar sua verdadeira transformação e libertar-se das garras do ego".

Provavelmente você não estará de acordo com muitos dos ensinamentos e conselhos que eu lhe ofereço, porque sua mente está limitada a pensar sempre de uma maneira muito particular e fechada. Procure abrir sua mente para que realmente possa potencializar as ferramentas que lhe dou, para que evolua e atinja uma mudança real em sua vida.

CAPÍTULO 5

Abrindo as asas para uma nova dimensão libertadora

A liberdade é o resultado do autoconhecimento e da autoavaliação. Por isso, quanto mais se conhecer, menos se apegará e menos sofrerá

Para poder despertar, devemos fazer um *tour* por nossas vidas e identificar ideias, crenças, medos, formas de pensar e sentir que estão influenciando nosso presente.

Uma das causas mais frequentes e que geram a maioria dos problemas para o ser humano é sua ignorância, que anda sempre de mãos dadas com sua melhor amiga, a teimosia. Com frequência, ouvimos pessoas dizerem: "Eu sou assim. Assim nasci e assim morrerei; não posso mudar".

Muitas pessoas acreditam que se conhecem perfeitamente e, quando têm problemas, culpam as circunstâncias externas ou os outros. Aprenda a se conhecer para que, em vez de reagir instintivamente, escolha e aja deliberadamente, e você mesmo assuma as rédeas de sua vida.

Para que possa se conhecer, primeiro precisa aceitar que sua mente tem o poder de libertá-lo de qualquer apego quando compreender como isso funciona. Do contrário, pode prendê-lo, privá-lo da liberdade e fazê-lo viver em uma dependência emocional e um sofrimento incalculáveis.

Quando houver caos e confusão, você deve ficar quieto, observar e analisar o que está acontecendo, e verá como se abre a porta do conhecimento interior, que é o que o levará a se libertar da ignorância e a encontrar a sabedoria.

Cada ser humano é único, inigualável e impossível de duplicar; portanto, não posso lhe dar a fórmula mágica para encontrar sua felicidade. Mas posso lhe dar ferramentas que o ajudarão a se avaliar, a se conhecer melhor e a ver que tipo de crenças ou ideias preconcebidas afetam seus pensamentos, sentimentos e emoções, roubando sua paz interior. *A única pessoa que tem o poder de conduzir sua mente é você*, e sua tranquilidade dependerá, em grande medida, de como a utilizar.

Quando adquirir o hábito diário de observar seus pensamentos, o modo como fala a si mesmo e aos outros, e seu modo de agir ou reagir diante de um estímulo externo inesperado que lhe cause dor, começará a ter consciência do que se passa em sua mente. Isso implica ser uma testemunha permanente de cada ato, de cada ação. Quando começar a pensar deliberada e conscientemente, seus sentimentos e emoções mudarão instantaneamente.

Para realizar esse processo, você precisa compreender como é a relação de sua mente com suas crenças, medos, pensamentos, sentimentos e emoções. Esse processo é totalmente individual e completamente vivencial.

Não será apenas com a leitura deste livro que você conseguirá sair de onde se encontra. É primordial que faça os exercícios recomendados e que, com muita fé, paixão, amor e perseverança, desenvolva esse trabalho interno que lhe permitirá se libertar para sempre dessas correntes que o prendem e não lhe permitem ser feliz. Precisa ter uma mente totalmente aberta, flexível e disposta a experimentar coisas novas, como quando era uma criança, pois haverá coisas que não vai querer fazer devido a seu sistema de crenças e ao ego. *Haverá momentos em que vai querer parar ou se defender, porque se sentirá atacado ou melindrado.* Quando isso acontecer, verifique de onde vem essa reação, visto que sempre existirá uma explicação no fundo de seu coração. Esta é uma fase na qual vamos desaprender muitas coisas que fomos recolhendo no decorrer da vida.

Compreendendo realmente o que é o amor

> *Se quero possuí-lo, corto suas asas e o deixo a meu lado para sempre. Se o amo, gozo vendo suas asas crescerem e você voando. Ame intensamente o que fizer e desfrute plenamente o que está vivendo hoje.*

Quando vai passear pela natureza e encontra um jardim cheio de rosas vermelhas e se aproxima dele, você pode ver, perceber e sentir a fragrância liberada pelas rosas, não importando se está olhando-as ou ignorando-as. Assim é o verdadeiro amor. É como uma rosa que, ao florescer em seu coração, produz tanta felicidade, gozo e êxtase que emana, flui e se espalha a seu redor, sem importar a quem chegue. Nesse momento, você está em uma harmonia contínua e flui livremente, sem medos, temores ou apegos.

O amor é relativo. Manifesta-se de diversas formas, de acordo com as pessoas com quem entramos em contato; de acordo com isso, podem existir tantos amores quanto seres humanos. Pode ir do mais baixo nível de consciência até o mais elevado; do mundano até o sagrado; dos gestos, carícias e sexo até o amor puro. Tem múltiplas dimensões, níveis e formas que só dependem de seu ponto de vista e de suas percepções.

Vamos definir o amor, então, partindo de duas dimensões totalmente diferentes e opostas: o apego disfarçado de amor e o amor como um estado de consciência mais elevado do ser humano (amor verdadeiro).

O amor verdadeiro e o apego encontram-se em dois polos opostos. O apego está no polo negativo da inconsciência, fortalecido constantemente pelo medo, ao passo que o amor verdadeiro está no polo positivo, onde se encontra a consciência, a liberdade e a paz interior.

Se observar atentamente a natureza, verá que a luz do sol ilumina todas as criaturas da Terra, não importa como sejam. Quando os raios de luz e os objetos iluminados entram em contato ocorrem diversos fenômenos, como o da gota de orvalho que esvanece e dispersa a luz em múltiplas cores; a lagoa que reflete a luz e muda a cor da água; o arco-íris que, depois da chuva, sai com esplendor e majestade para mostrar suas belas cores.

Dessa maneira, o amor, no estado do ser, entra em contato com todas as criaturas e objetos da Terra e, sem importar como sejam, oferece-lhes sua luz. No estado do ser, o amor não pode se ofuscar; simplesmente flui, resplandece e ilumina a todos por igual. Esse amor emana livremente de seu coração quando a felicidade e o gozo estão presentes. Quando você vive no amor do estado do ser, está conectado com o universo e, por essa razão, desfruta plenamente das coisas simples da vida, como um amanhecer, o sorriso de um bebê, o abraço de uma pessoa querida, a folha de uma árvore, o botão de uma flor que se abre, a deliciosa fragrância de uma rosa, o vento que acaricia sua pele, o som dos pássaros, ou desfruta do simples fato de estar vivo e poder usufruir o milagre de existir. Nesse estado, você até aprecia as coisas que os outros desprezam e consideram feias, desagradáveis e de mau gosto. Ou seja, *você está em harmonia total com tudo que o cerca* e entende que não é uma criatura isolada do universo, e sim que o universo, o sol e as estrelas estão dentro de você.

Enquanto dentro de você reinar a inconsciência e a escuridão, viverá em trevas e nada brotará. Apenas quando dentro de você existir a luz poderá dar tudo de si e iluminar os outros.

Esse estado de consciência do ser é natural, espontâneo; com ele chegamos a este mundo, é a felicidade em sua máxima expressão. Mas vamos perdendo-o através dos anos, porque aprendemos a buscar o amor nas coisas externas. *Tudo que é externo é passageiro e não depende de nós*. Portanto, em algum momento, nós nos encontraremos cara a cara com a infelicidade. Assim, vamos nos desgastando e cansando pela vida, começando a experimentar os golpes que ela nos desfere. Devido a esses golpes, começamos a sentir um grande vazio, que tentamos preencher rapidamente com coisas materiais ou mantendo relações apenas por medo da solidão. Nesse momento, o apego faz sua aparição e começamos a sentir angústia de perder ou de não sermos aprovados pelas pessoas que nos oferecem esse prazer e preenchem esse vazio. Isso nos gera uma grande dor, e, se deixarmos que nossa mente o albergue, teremos um grande sofrimento.

Só quando recuperarmos o estado de consciência do ser poderemos, pela primeira vez, experimentar o verdadeiro amor; então, já não tentaremos mudar, nem melhorar, nem manipular as pessoas com quem compartilhamos nossa vida. Nesse momento, o amor iluminará seu caminho e você não ficará preso no jogo da extorsão emocional, não perderá sua liberdade nem coibirá a do outro. Quando entender isso, *compreenderá que o amor é divino, é a manifestação mais pura de Deus na face da Terra.*

Para entender o que é agir sob a influência do apego e o que é agir na consciência do ser, quero dar um exemplo comum e frequente de um casal que diz se amar.

João e Maria formam um casal jovem, que se conhece em uma festa. Tão logo se veem, experimentam a sensação de amor à primeira vista. Começam a sair frequentemente e se transformam em um casal estável. Quando um homem e uma mulher se fundem no amor, unem seus corpos, suas mentes e seus espíritos. Nesse momento morre o ego, mas, depois,, sentem tanto medo de perder a outra pessoa que se aferram inconscientemente a ela e a transformam na fonte de seu prazer.

Então, João sente um amor desmesurado por Maria e tem certeza de que não poderá viver sem ela. Constantemente, repete a ela que a vida não teria sentido se a perdesse e diz coisas como as que se ouvem nas canções de amor perdido: “Sem você, não poderei viver jamais”; “Se você for embora, meu coração morrerá”; “Se você me faltar, não terei mais nada” etc. Obviamente, para João, sua felicidade e sua tranquilidade repousam na ideia de que “sua” Maria nunca o abandonará e estará sempre a seu lado, aconteça o que acontecer.

Essa visão distorcida da vida é o que gera angústia em João. Isso é, justamente, o medo e a infelicidade. Para João, Maria representa a encarnação e personificação do amor, tem sua forma, e se João chegasse a perdê-la, sentiria uma grande dor e sua vida desmoronaria.

Isso quer dizer que João está apegado a Maria e confunde a forma (que é Maria) com o que ela representa (o amor). Se algum dia Maria for embora com alguém e abandonar João, ele sofrerá tanto que absurdamente julgará ter perdido o amor de sua vida, quando, na realidade, o que perdeu foi a pessoa que o representava. A dor que João sente é gerada pelo apego que tinha por Maria, e não pela perda em si.

O problema não está em João não amar Maria, e sim na ideia absurda de precisar dela o tempo todo. Isso que João sente é o *apego afetivo*. Se ele vivesse no estado de consciência do ser, poderia dizer: "Eu me sinto muito bem com você e preferiria estar sempre a seu lado, mas também posso estar sem você. Eu te amo, mas sou feliz sem você". Esta é a verdadeira liberdade que se vive quando se está desapegado do parceiro.

Esse apego pode ser sentido tanto pelo casal quanto pelos membros da família (filhos, pais, irmãos) e chega a se confundir com o amor. Acreditamos que, por amarmos a pessoa, também precisamos dela. Conectamos esses dois termos, mas não deve ser assim. Se João realmente amasse Maria, deveria aceitar a decisão dela e nunca mendigar amor, visto que amar verdadeiramente alguém é desejar-lhe o melhor; e se o melhor para Maria for ir embora com outra pessoa, João não deveria sofrer.

Quando você ama verdadeiramente, regozija-se pela simples existência da pessoa que ama. Então, amar não dependerá do que o amado fizer, disser ou tiver.

Quando realmente está desfrutando o *estado de consciência pura que é o amor*, o apego desaparece. Por isso, deixa de haver reclamações, expectativas e exigências. Ao compreender que sua felicidade não está em outra pessoa, deixará de precisar dela, sua angústia desaparecerá e você poderá ser feliz sem ela. É quando realmente poderá gozar e desfrutar naturalmente de sua companhia, sem fazer nenhum esforço. Se, por algum motivo, a pessoa que você ama o deixar, como na história de João, não fique triste; desfrute intensamente cada momento enquanto ela estiver com você; você não precisa dela para ser feliz.

O verdadeiro amor exige liberdade, ao passo que o apego exige posse. O apego faz com que algo tão belo como o amor verdadeiro, baseado na doação, se transforme em uma necessidade de ter.

Desmascarando o inimigo oculto

> *O ego pode prendê-lo e fazê-lo viver uma vida miserável, mas, quando o identificar e aprender a conduzi-lo, você poderá desfrutar plenamente sua vida.*

Existe, no trópico, uma árvore chamada fícus estrangulador, que pode crescer de forma descomunal. Se entrar em um bosque, facilmente poderá distingui-la não só pelo tamanho, mas também porque seu olhar poderá atravessar o tronco da árvore, visto que suas raízes estão fora da terra; são aéreas. A primeira coisa que a pessoa se pergunta é como uma árvore tão grande pode se sustentar sobre um tronco oco. Ocorre o seguinte: os pássaros depositam a semente dessa árvore na copa de outra árvore. Essa semente é um parasita e começa a envolver com suas raízes o tronco da árvore em que foi depositada; as raízes crescem ao redor dela, extraem toda sua seiva e nutrientes, até que a estrangulam totalmente, fazendo com que a árvore pouco a pouco seque e, posteriormente, morra.

Do mesmo modo, quando não identificamos a tempo o ego, este começa a deitar raízes em nossa mente, e elas ofuscam nossa razão e entendimento, crescem e nos cobrem até chegar ao coração; estrangulam-nos lentamente até nos deixar em um estado deplorável, cheios de angústia e dor. Esse parasita nos seca, tira nosso oxigênio, nossos nutrientes, a vontade de viver e, finalmente, deixa-nos em um estado de inconsciência e dependência total.

Para podermos conectar nossa mente com nosso coração e nos conhecermos realmente, devemos desmascarar o ego, o inimigo oculto e manipulador que se move agilmente nas sombras de nossa inconsciência e nos leva a fazer coisas que não queremos, buscando reconhecimento, poder, prestígio ou aprovação.

O ego está em um estado de inconsciência superior ao corpo, à mente e ao intelecto. Por essa razão, as pessoas que vibram em uma frequência cerebral baixa, ou seja, que vivem no ressentimento, na culpa, na depressão, na angústia, no medo, na frustração e no sofrimento, não o conseguem identificar, visto que é o próprio ego que gera esses pensamentos, sentimentos e emoções.

Para que o ego possa sobreviver, precisa de um padrão de referência externo, com o qual se compara permanentemente. O ego se nutre do medo de não poder superar seu ponto externo de comparação.

Na maioria dos seres humanos, ou pelo menos nos que estão inconscientes, a vida é dirigida pelo ego; por essa razão existe tanta angústia, dor e sofrimento.

Se uma pessoa entra em um local, cumprimenta gentilmente e ninguém lhe responde, seu ego se sente mal, sente-se atingido, visto que processa essa informação e envia um sinal que passa do intelecto à mente, fazendo com que essa pessoa se sinta rejeitada; quando ocorre o rompimento de uma relação amorosa, o ego se sente mal porque foi rejeitado e tentará usar mecanismos de extorsão, vingança, manipulação ou falsas expectativas, como a esperança para reconquistar quem o abandonou e conseguir ser aprovado.

O ego é uma ideia que temos de quem somos e do que possuímos. O ego põe obstáculos para nos impedir de desfrutar plenamente o amor e nossos relacionamentos. É quando confundimos o *ter* com o *ser*; ou seja, meu ego se baseia em possuir, e não em *ser*. Quando o ego se baseia no que os outros dizem, seu alicerce é a busca insaciável de aprovação e reputação. O ego nos separa de *nossa essência divina, o amor*, e nos faz acreditar que podemos viver independentes dela; faz com que nos sintamos isolados das demais criaturas do universo, isto é, acreditamos que somos corpos independentes da criação, e não parte integral dela. Quando experimentamos nossa vida por meio do ego, debilitamo-nos e não a podemos viver em plenitude, porque fingimos e mantemos condutas, atitudes e poses aprendidas que nos geram dor e insatisfação. É uma vontade insaciável de competir, de ganhar, de ser o número um, de alcançar o sucesso, o que nos leva a nos compararmos constantemente com os outros e a estar de olho no modo como eles nos percebem. Para conseguir isso, o ego muitas vezes faz com que passemos por cima dos outros e vamos contra a própria consciência que rege nossos princípios. Nesse nível de inconsciência, realmente os problemas afloram e os sentimentos de desespero, ódio, depressão, tensão e amargura reinam em nossas vidas.

Às vezes, rimos da inocência, da capacidade de assombro e da autenticidade das crianças e achamos que são tolas, sem perceber que, muitas vezes, quanto mais velhos estamos, mais tolos ficamos, porque fingimos e perdemos nossa autenticidade, tentando impressionar e ser como os outros. Só o poder, o prestígio, o dinheiro e a reputação nos assombram. Mascaramos o passado e nos sentimos orgulhosos de todas as nossas aquisições e conquistas. O ego faz com que nos vangloriemos do passado, exagerando-o, mitificando-o ou distorcendo-o, para conseguir a admiração dos outros. Em algumas ocasiões, ignoramos e desprezamos a opinião dos mais jovens, porque acreditamos ter sempre razão.

Em certa ocasião, estavam em um avião um grande cientista, um monge e um escoteiro. De repente, o avião começou a perder altura e o ruído dos motores aumentou. O piloto saiu muito angustiado de sua cabine e disse a seus três passageiros: "Tivemos uma avaria no tanque de combustível e o avião, no máximo em cinco minutos, vai cair. Infelizmente, há apenas três paraquedas: um para mim, que sou o piloto, e outros dois para a tripulação. Escolham entre si quem os usará". Rapidamente, o cientista, vítima do medo e do desespero, pegou o bornal e, justificando sua ação, disse: "Sou um cientista, e o mundo precisa de minha inteligência e de minha contribuição. Portanto, eu mereço me salvar". Abriu intempestivamente a porta do avião e se jogou, sem ouvir a opinião dos outros.

Enquanto isso, o monge, que refletia uma grande paz interior em seu rosto, disse ao menino: "Sou um homem velho, já vivi o que tinha que viver. Estou feliz porque já realizei a missão para a qual vim ao mundo, ao passo que você é uma criatura de Deus, que está começando a viver. Pegue seu paraquedas e salve-se". O menino, totalmente assombrado, abriu seus grandes olhos e disse ao monge: "Mas ainda restam dois paraquedas. Por que não utiliza o seu?". O monge, surpreso, respondeu: "Como assim? Do que está falando? Não vê que o cientista já utilizou o outro paraquedas e só resta um?". O menino, sorrindo, respondeu: "O cientista, devido à confusão e ao seu egoísmo, pegou, sem notar, minha mochila, em vez do paraquedas, colocou-a nas costas e pulou com ela, sem ouvir quando tentei lhe explicar seu engano".

Quando dirigimos nossa vida baseados no ego, perdemos nossa capacidade de observar e agir de forma inteligente, e deixamos de perceber com clareza o que nos acontece.

Identificando nossas crenças

> *As crenças são imposições intelectuais baseadas no medo, criadas geralmente por nossa cultura e religião para nos manipular e nos manter controlados.*

O passo seguinte para despertarmos de nossa inconsciência é identificar as máscaras sociais e a armadura que vestimos para impressionar os outros e para nos defender de seus ataques.

A autoavaliação lhe permite se libertar das correntes limitantes que afetam não só sua vida, mas também os relacionamentos com as pessoas queridas. Por isso, você precisa, com toda a honestidade, observar as crenças, máscaras sociais e atitudes que lhe causam sofrimento e, utilizando as ferramentas que lhe darei, ir mudando tudo aquilo que o faz sofrer. Deve apenas ver o que acha que lhe causa dor e sofrimento, porque, se assim for, deve mudá-lo. Quando entender que veio a este mundo para desfrutar, e não para sofrer, será capaz de reorganizar e reestruturar sua vida.

As atitudes são sua manifestação diante de uma crença ou máscara social que você adotou. Por essa razão, é importante que identifique que atitudes toma diante da vida, para, assim, entender e desmascarar as crenças que estão por trás delas. Por exemplo, analise o seguinte: espera que seu companheiro sempre lhe dê razão e faça só o que você quer, acima das necessidades e dos princípios dele? Está sempre recordando as coisas que aconteceram no passado e as esfrega na cara de seu parceiro? Quando deixa de lado a tentativa de ser aprovado por seu parceiro, os ciúmes, a chantagem emocional, a manipulação e a extorsão de seu relacionamento, o amor desaparece? O amor é, então, sofrimento, dor e preocupação?

Existem milhares de crenças que vêm camufladas de diversas formas. Você pode absorvê-las como ideias culturais, sociais, políticas, intelectuais, religiosas etc. Algumas delas nos inspiram e nos motivam a desfrutar a vida, mas *a maioria de nossas crenças está baseada no temor ou no medo.* Essas são as crenças que devemos identificar, para poder substituí-las e nos libertar de suas amarras.

Essas crenças contaminadas pelo medo entram diretamente em você, desde que está no ventre de sua mãe, por meio dos próprios medos dela. Por isso, existem muitas crenças que controlam sua vida e que o limitam, fazem-no sofrer e você nem sequer se dá conta de que existem, porque, desde que chegou a este mundo, ensinaram-lhe a viver de maneira mecânica. Quando começa a viver como um robô, que segue as diretrizes do que todo o mundo diz, roubam-lhe a habilidade de discernir e pensar por si mesmo. Então, você não é mais responsável pelo que está fazendo nem pelo que sente, porque a responsabilidade fica com a multidão, a cultura, a religião, a política etc.

As crenças são criadas por interesses próprios de certas pessoas, movimentos, partidos, religiões etc., que levam todo um grupo a compartilhar suas ideias e atos. O que as pessoas fazem quando estão inconscientes é seguir o condicionamento da massa, porque acreditam que o correto é segui-la, para não se sentirem responsáveis por seus próprios atos.

Vimos exemplos através da história em que um grupo de homens bons, por seguir a crença de seu líder, passa a agir de maneira brutal e inconsciente.

Atualmente, vemos como o líder de um país, supostamente buscando a paz mundial, elabora artimanhas para convencer as massas a agirem de acordo com o modo como ele considera que vai obter poder, prestígio e reputação; mas, como as massas não têm coração, pois são um aglomerado, começam a acatar o que o líder diz. Por isso, chega-se a bombardear cidades inteiras, onde milhares de meninos, meninas e seres inocentes, que não têm nada a ver com a busca de aprovação, prestígio, poder e reputação desse líder, morrem inocentemente. Se perguntarem à massa por que praticou essa barbárie, ela responderá: para defender o mundo, para defender meu país, por honra, para defender minha cultura etc. O terror que estamos vivendo neste mundo deve-se às crenças mascaradas e camufladas.

A mesma coisa ocorre com tudo o que você seguir por ignorância, por não se avaliar, não questionar ou não querer se abrir para o conhecimento. Apenas observe, hoje em dia, a quantidade de diretrizes, modas, códigos, etiquetas sociais que a massa deve seguir para ser aceita. Por isso, problemas que nos afetam diariamente e que cada vez aumentam mais, como o apego material, a dependência afetiva, a bulimia, a anorexia, o suicídio, o vício em drogas etc., são causados, em sua grande maioria, pelas crenças. São elas que levam a massa a agir inconscientemente; pelo efeito das crenças, os membros da massa julgam implacavelmente aqueles que se opõem ou não os seguem.

É muito importante que você entenda isso, porque, senão, não vai dar o passo para sair de onde está, uma vez que pensa estar errado, porque assim o fizeram acreditar para mantê-lo dominado.

Você precisa dedicar um tempo para identificar as crenças que arrasta desde a infância, pois estas são únicas para seu caso específico. Deve aprofundar, pois talvez esteja agindo apenas seguindo a corrente, e não pelo que você mesmo acredita que a vida é. Cada pessoa viveu de maneira diferente e se deixou influenciar pelas crenças também de maneira diferente. Existem muitas circunstâncias que influem no tipo de crenças que você pode ter: o país onde vive, com toda sua cultura, a família em que cresceu, se foi o irmão mais velho ou o mais novo, se foi educado por sua mãe e seu pai ou só por um deles, o colégio onde estudou, o tipo de colegas e amigos com que se relacionou, o tipo de religião em que foi criado e a relevância que ela teve em sua vida, a importância do dinheiro para sua família e amigos, os medos e a culpa que lhe foram inculcados etc.

> *Um homem cego estava visitando uns amigos. Ao cair da noite, quando se despediu deles e estava disposto a partir, deram-lhe uma lamparina para que iluminasse seu caminho. O homem cego respondeu: "Muito obrigado, mas não preciso, pois não importa se estou na escuridão ou na luz. Tudo é igual para mim". Eles lhe responderam: "Tem razão, mas, de qualquer maneira, leve-a para que ilumine o caminho e, assim, ninguém tropece em você". Agradecido, partiu, e poucos minutos depois, alguém trombou com ele. Espantado, exclamou: "O que houve? Não olha por onde anda? Não viu que carrego uma lamparina?" Aquela pessoa respondeu: "Sinto muito, meu querido amigo, mas não o vi, porque a luz de sua lamparina está apagada".*

Assim são as crenças que nós seguimos fielmente. Acreditamos que elas são nossa única verdade e as seguimos a qualquer custo, não importando se nos causam mal ou sofrimento. Julgamos andar com a luz acesa, iluminando nosso caminho, quando na realidade ela está apagada e seguimos inconscientes pela vida. Agimos como se estivéssemos no piloto automático, simplesmente fazendo o que a sociedade nos diz que está certo.

Quantas vezes pensamos que essas crenças são a grande verdade, mas na realidade nossos olhos e entendimento estão cegos, pois não queremos despertar nossa consciência e seguimos agindo inconscientemente...

Vamos dar uma breve olhada nas diversas crenças que nos causam apegos, para ter ferramentas com que trabalhar.

Crenças que podem lhe causar apego afetivo

- Não poderei ser feliz se estiver sozinho, preciso ter alguém a meu lado.
- No momento em que decide se casar, perde-se a liberdade; você pertence à pessoa com quem se casa.
- O casamento é para toda a vida e você deve sacrificar sua felicidade para salvá-lo, não importando o que sofrer.
- A mulher deve estar sempre no lar e dedicar-se a criar os filhos, não importando seus próprios sonhos.
- O homem é quem trabalha e leva dinheiro para casa.
- Os homens são infiéis por natureza.
- Se você se divorciar, vai para o inferno.

Fomos programados para que o amor doa. Disseram que amar é sofrer e que o parceiro é seu e de ninguém mais. Em nossa sociedade, o *livre-arbítrio* entre casais não é bem-visto; é um abuso de confiança, falta de respeito ou libertinagem. Existe um controle, geralmente exercido pelo homem (machismo), e outras vezes por aquele que tem maior poder dentro da relação, o que leva a distorcer a realidade, fazendo com que, em certas ocasiões, se confunda o amor-próprio com o amor pelo parceiro, e que, por orgulho e necessidade de dominar, se exija que um dos membros faça sempre a vontade do outro.

Se você vive em um meio machista, onde a mulher tem que cozinhar, lavar, passar e velar exclusivamente pelo lar, a crença do homem é que a mulher lhe pertence e, por conseguinte, ela não pode fazer nada sem seu consentimento. Essa crença faz com que a mulher se sinta depreciada e pode ser tão forte e acentuada que a pessoa que cresce em um meio tão machista acaba aceitando esse estilo de vida, apesar de viver totalmente na infelicidade.

Crenças que podem lhe causar apego material

- Sem dinheiro sou um joão-ninguém.
- Sem dinheiro sou infeliz.
- Tenho primeiro de ter, antes de ser.
- O que sou se mede pelo que tenho.
- O sucesso é ter dinheiro e possuir coisas.
- A pessoa que não tem dinheiro é uma fracassada.
- Suas posses materiais mostram o que você é, ou seja, você é o que tem.
- Suas posses o tornam mais atraente.
- A roupa, as joias e a marca que usa mostram sua posição social.

- Tendo dinheiro, você vai ser reconhecido e aprovado pelos outros.
- Viajar e conhecer o mundo o coloca em uma posição superior aos outros.
- Para poder pertencer a um grupo social, precisa se vestir de certa forma ou "estar na moda".
- Quando utiliza acessórios de marca, sua classe social sobe de nível etc.

Crenças que podem lhe causar apego ideológico

- Vencer é ter poder, reputação e prestígio, não importando o que tenha que fazer ou sacrificar para consegui-lo.
- A única coisa importante é o que as pessoas dizem de você.
- Deus é um ser castigador, autoritário e exigente.
- Se você não tem a mesma religião que eu, está em pecado e condenado.
- Minha religião é a única que tem a razão e a verdade; as outras estão equivocadas.
- Meu partido político é o único honesto e transparente.
- Sempre que dou, devo receber algo em troca.
- Perdoo, mas não esqueço.
- Meu time de futebol é o melhor.
- Esse é um trabalho exclusivamente para homens, as mulheres não o podem fazer etc.

Se analisarmos essas crenças a fundo, descobriremos que o medo está mascarado sutilmente, gerando em nós uma dependência emocional. Por essa razão, o próximo passo a dar é identificar os medos com que fomos criados e que arrastamos pela vida.

Identificando nossos medos

> *Nossos medos não detêm a morte, e sim o amor e a vida. O medo, com todo seu poder, não pode vencer nem deter a morte, mas pode deter o fluxo da vida que nos conduz à paz interior.*

O mar, que é manso e transparente, também pode arremeter com toda sua força e representar um sério perigo para quem está a seu redor. Assim é o medo; para salvar nossas vidas, ajuda-nos a perceber todo tipo de perigo, desde os mais leves até os mais turbulentos e destrutivos, mas também pode nos paralisar, ofuscar a razão e o entendimento, fazendo-nos viver uma vida miserável e, em alguns casos extremos, levar-nos à morte.

Você já sentiu medo de perder a pessoa que ama? Por medo de perder essa pessoa, já fez coisas que iam contra seu coração? Já se sentiu paralisado diante de uma situação que não esperava? Já sentiu muita tensão e medo, achando que algo ruim ia acontecer e, passado o tempo, deu-se conta de que nada aconteceu?

O medo é uma emoção básica, gerada espontaneamente e que nos deixa de sobreaviso diante de um perigo iminente. O medo ativa a circulação do sangue, os músculos maiores se fortalecem e seu corpo reage para que possa escapar de uma situação que o pode afetar. *O medo, visto assim, é útil e necessário em nossas vidas.* O problema surge quando sua mente, com todas as ideias preconcebidas, as crenças e as experiências do passado, entra em contato com essa emoção, fazendo com que se transforme em um medo irracional ou em um falso medo que pode paralisar, ofuscar o entendimento e levá-lo a agir sem razão. Nesse momento, criam-se as fobias e o pânico infundado.

Temos a crença de que o amor e o ódio são opostos, quando na realidade esta é uma falsa crença. Neste momento, você pode estar amando uma pessoa e, de repente, ela o menospreza, rejeita ou faz algo que você considera uma ofensa; imediatamente, você pode transformar o que sentia em ódio. Mas se essa pessoa lhe der uma justificativa, abraçá-lo e mostrar um verdadeiro arrependimento, facilmente tornará a amá-la. Ou seja, o amor e o ódio são a mesma energia, complementam-se e se transformam constantemente.

O que é diametralmente oposto ao amor é o medo. Nunca podem compartilhar o mesmo espaço, como o fazem o amor e o ódio. Durante toda a vida disseram-nos que para amar realmente devemos possuir e ter a nosso lado a pessoa amada. Mas, na realidade, isso é o que nos causa sofrimento, devido ao medo de perder essa pessoa. Chamamos isso de apego. Por essa razão, *o alimento predileto do apego é o medo.* Quanto mais se agarrar ao medo, mais o amor enfraquecerá. Isso nos mostra que, inconscientemente, estamos baseando nossas relações afetivas no medo e no apego, em vez de fazê-lo no amor. O amor nutre a relação e lhe dá o poder de desfrutar e experimentar a vida de diversas maneiras, ao passo que o medo o paralisa e incapacita para viver uma vida tranquila e serena.

Ensinaram-nos a buscar o amor e a felicidade em coisas externas, superficiais e passageiras, e ao sentirmos que essas coisas vão embora e não as podemos ter, damos oportunidade ao apego para ser nosso verdugo, para nos maltratar e deteriorar nossa vida. Nesse momento, o medo se apodera de nós, pois acreditamos que não podemos ser felizes sem essas coisas. Portanto, se enfrentarmos nossos medos e os eliminarmos, destruiremos as raízes pelas quais o apego se nutre e se fortalece. Quando isso acontece, desfrutamos o amor no verdadeiro estado de consciência.

Nossas vidas estão cheias de medos camuflados sutilmente em nossa inconsciência. Para poder trabalhar a fundo nossos medos e nos libertarmos, primeiro devemos identificar nossos medos mais frequentes.

Quais são os medos que sentimos quando temos uma relação afetiva na qual depositamos nossa felicidade? Medo da solidão, de perder a pessoa amada, de perder o conforto.

Medo da solidão

Somos seres totalmente individuais, autênticos e únicos. Embora, durante a vida, estejamos cercados de pessoas que nos acompanham temporariamente de acordo com a etapa que estamos vivendo, a realidade é que a solidão é nossa própria natureza, mas não temos consciência dela, porque desde pequenos nos ensinaram que, para nos sentirmos bem, não podemos estar sozinhos, e sim acompanhados de alguém ou de algo. Por essa razão, quando estávamos sozinhos, tentavam nos manter ocupados ou entretidos com coisas externas a nós, como a companhia de um urso de pelúcia durante a noite, uma tevê, um rádio ligado, um livro de histórias, um brinquedo ou, como em meu caso, meu cãozinho *collie* e minha espada de plástico verde fosforescente, companheiros inseparáveis que me faziam sentir protegido.

Quando não tínhamos esses fatores de distração ou de companhia ao nosso redor, quando não tínhamos nada para fazer e nos sentíamos estranhos a nós mesmos, nossa mente começava a divagar e transformava a beleza natural e exótica da solidão em medo. Assim, com esse condicionamento, crescemos procurando pessoas que preenchessem nosso vazio, e, finalmente, nos apegamos a elas.

Criamos uma grande barreira entre nosso interior e as coisas do exterior, e obstinadamente tentamos preencher o vazio interior com coisas externas ou pessoas. Mas a realidade é que, por mais que tentemos preencher esse vazio com coisas externas, nossa insatisfação, angústia e medo da solidão crescerão. Nossa ansiada paz não será encontrada nas coisas do exterior; só vamos encontrá-la quando olharmos para dentro de nós. É tão simples como tentar preencher um pote rachado. Por mais que ponha água, nunca o encherá, porque ela sairá pelas rachaduras.

Muitas vezes, por sentir medo da solidão, envolvemo-nos em relações afetivas, para passar o tempo e não nos sentirmos sozinhos. Mas qualquer relacionamento criado por causa do medo não pode dar realização nem transcendência à sua vida, porque sua raiz está podre. Quer dizer, você não ama essa pessoa, apenas a usa por medo de ficar sozinho. E, talvez, ela também não o ame, pois, como você, manipula-o e usa-o para não ficar sozinha. Quando você usa alguém, está menosprezando-o e afastando-o, e fazendo isso, está desrespeitando-o e acorrentando-o.

Em outras palavras, em nome do maravilhoso e extraordinário amor (que não é amor, e sim apego), podem ocorrer milhares de coisas, exceto o amor verdadeiro, que jamais crescerá baseado no medo. Se você está passando por essa situação, é bem seguro que seu ego lhe diga que estou enganado e que estou falando bobagem. O ego não quer ser desmascarado, e menos ainda perder seu poder, e defende-se ridicularizando ou atacando. Por isso, um ditado popular muito sábio diz: "A verdade dói".

Equivocadamente, pensamos que ficar sozinhos é ficar isolados do mundo. Não queremos entender que a solidão proveniente do silêncio interior, da plenitude do coração e da liberdade pessoal traz paz, harmonia e felicidade. Isso faz com que a solidão por temor ou medo seja sempre negativa. Mas a solidão que emana de nossa própria natureza é bela, criativa, ilumina e enriquece nossa vida.

Acredite ou não, a solidão é sua amiga fiel, mas pode se tornar inimiga se você lhe for infiel, tentando substituir toda essa infinita paz que ela pode lhe oferecer pelos prazeres mundanos e ruidosos do exterior. A solidão é sua inimiga quando não está contente com o ser que há dentro de você.

Se, a partir de hoje, tomar *consciência do poder que há dentro de si* e, por meio do silêncio e da meditação, se deixar abraçar pela solidão, você poderá mergulhar e se regozijar nela. Então, nesse lugar que julgava escuro, negro e deprimente, você encontrará a luz, encontrará o amor de Deus.

Medo de perder a pessoa amada

Ao basear o suposto amor no medo da solidão, aferramo-nos a essa pessoa, e então surge o medo de que nos deixe, nos seja infiel ou morra.

Quando damos corda a esses medos, nossa vida se transforma em um inferno – o ciúme, a manipulação e a chantagem emocional começam a conduzir nossa relação. Esse medo faz com que a pessoa sinta e experimente emoções perversas, que se descontrole e fique obcecada, até que começa a ver o que não existe. Você pode reprimir essas emoções, guardar rancor e angústia em seu coração, até o momento em que tudo transborda e você explode sem medir as consequências, sem se importar com quem ou onde está; ou essas emoções podem se transformar em uma chantagem emocional ou manipulação quando você passa a fazer o papel de vítima para chamar a atenção da pessoa querida, mostrando-lhe tudo o que sacrificou e sofreu; assim, caem na mesma eterna ladainha.

Para manipular, muitas pessoas utilizam mecanismos de pressão mais astutos, como tirar do parceiro o apoio econômico, ignorá-lo, não falar com ele, desaparecer por períodos prolongados, fazê-lo acreditar que há outra pessoa em sua vida ou usar gritos, chiliques, ameaças e abuso de álcool ou drogas, que, muitas vezes, levam à agressão física.

Temos medo de que a pessoa querida, nosso grande amor, desapareça ou morra, assim como uma rosa no jardim que, quando murcha, por mais esforço que façamos, jamais recuperará sua cor, sua forma nem sua fragrância. Por mais que tente revivê-la, cedo ou tarde deverá aceitar que seu esforço é inútil e ela está morta. Por isso, não deve guardar falsas expectativas nem esperanças de que as coisas tornarão a ser como antes. O passado já passou e jamais voltará, mas novas coisas virão para sua vida; assim como a flor murcha cai e morre, outras novas e perfumadas flores nascerão. Portanto, não se agarre a nada nem a ninguém, porque aí estará seu vazio. Esta é a única realidade que você tem. Muitas vezes, esse vazio é tão forte e ofusca a razão de tal maneira que pode levá-lo a tomar decisões apressadas, sem sentido, totalmente incoerentes, e fazê-lo cometer loucuras, como escolher estar com alguém com quem não quer estar, mergulhar no mundo do álcool, das drogas, da violência ou, pior ainda, chegar a sentir que não quer fazer nada na vida, querer morrer ou se suicidar.

Por isso, é importante dar tempo ao tempo e despertar sua consciência para aceitar e compreender que essa pessoa não está mais com você. Nesse momento, começará a *desfrutar sua solidão*. Mas se, ao contrário, não aceitar e lutar para recuperar o que não mais voltará, sofrerá intensamente. Esse sofrimento pode durar uma vida inteira, mas lembre que você veio a este mundo para desfrutar, não para sofrer. E só quando despertar para a realidade e deixar que tudo flua livremente e se orquestre harmoniosamente dentro de um plano divino, conseguirá a tão ansiada paz interior.

> *Um camponês tinha uma mula velha. Um dia, por descuido, a mula caiu em um poço. O camponês ouviu os bramidos do animal e correu para ver o que estava acontecendo. Depois de analisar a situação, julgou que não havia uma forma fácil de tirá-la dali e seria melhor sepultá-la ali mesmo para não a ver sofrer. O camponês começou a jogar terra no buraco, em cima da mula. Ela, ao ver que a terra e as pedras estavam caindo em cima de seu lombo, começou a se sacudir e a subir na terra. Ela mesma, então, começou a pensar: "A cada pá de terra que cair em cima de mim, vou me sacudir fortemente, sem importar quão dolorosos sejam os golpes, e vou ficar em cima da terra que cair". A mula lutou contra o medo e continuou se sacudindo e subindo. A seus pés, o nível do piso se elevava cada vez mais. O camponês, surpreso, captou a estratégia da mula, e isso o estimulou a continuar jogando terra, até que a mula, apesar do cansaço, deu um pulo e saiu do poço.*

A terra que parecia que a enterraria transformou-se em sua salvação, graças à forma como ela enfrentou a adversidade. Assim é a vida. Quando você enfrenta seus problemas e não se pergunta por que, e sim para que, consegue vencer o medo e fazer com que *aquilo que considerava um problema se transforme em uma oportunidade* para seguir em frente.

Por isso, se você acha que não pode se recuperar devido ao medo que tem de viver sem a pessoa que ama, e sente que está caindo em um buraco profundo, dê uma parada e procure entender que tudo o que acontece tem uma razão de ser. Deixe que o problema que criou em sua mente siga seu curso, flua, e, quando menos esperar, entenderá o que deve aprender com a situação.

Medo de perder o conforto

Existem muitas pessoas que têm um parceiro infiel, que abusa delas, maltrata-as, insulta, ridiculariza e até cerceia sua liberdade, mas, para não perder o "conforto" financeiro, social ou profissional, optam por se enganar e, com uma atitude míope, minimizam o que lhes causa tanta dor e permanecem a seu lado.

Essa é uma situação muito típica entre casais, devido à dependência financeira que pode existir entre os parceiros. Em geral, é mais frequente ver esse caso entre mulheres, visto que, por medo de que tanto elas como seus filhos percam as comodidades ou a satisfação de algumas necessidades, sacrificam sua existência e vivem uma vida de solidão, amargura, angústia ou desespero. Essas pessoas procuram, por todos os meios, disfarçar o sofrimento, enganam a si mesmas e justificam suas ações.

Além dos medos que sentimos quando temos uma relação afetiva na qual depositamos nossa felicidade, também há outros medos por apego material e ideológico.

Quais são os medos que sentimos quando temos um apego material? Medo de perder nosso conforto, nossa posição social; de perder a fonte material do prazer; de não ter dinheiro para o futuro; medo de perder as amizades.

Quais são os medos que sentimos quando temos um apego ideológico? Medo de não ter razão e de aceitar que estamos errados; de sentir-nos culpados ou de cometer um pecado, contrariando um preceito religioso; medo de perder o poder, o prestígio e a reputação.

Se escolher não enfrentar seus medos com valentia, responsabilidade e consciência, infelizmente amanhã terá que reservar um tempo para tentar fugir, como um covarde, das garras de seus medos, que podem conduzi-lo a uma depressão profunda ou a um estado lamentável, ao qual nunca imaginou que poderia chegar.

> *Em certa ocasião, um monge que pregava a paz interior e a prática de não se perturbar com nenhum acontecimento externo que ocorresse na vida foi convidado a um almoço campestre por uns amigos que estavam cansados de ouvir sempre o mesmo sermão. Eles lhe prepararam uma armadilha para ridicularizá-lo e dar-lhe uma grande lição.*
>
> *A caminho do local onde preparavam um suculento banquete em sua homenagem, disseram-lhe que onde se via a fumaça era o lugar da reunião, mas que eles acabavam de lembrar que haviam deixado o gelo e as bebidas no carro. Sugeriram-lhe que seguisse sozinho e que eles o alcançariam mais tarde. Essas pessoas haviam arranjado três cães adestrados para atacar e os deixaram amarrados por muito tempo. Quando viram que o monge estava sozinho, deram ordem ao*

vigia para que os soltasse. Rapidamente, os cães, furiosos, saíram babando, com os olhos faiscando de raiva e em grande velocidade, na direção do monge. Ele, ao vê-los, inspirou profundamente pelo nariz, olhou-os fixamente nos olhos e imediatamente começou a correr em grande velocidade em direção a eles. Os cães, ao verem que o monge vinha correndo, estacaram e fugiram assustados.

A explicação era simples. Os cães tinham sido adestrados para atacar e perseguir, mas não para serem perseguidos. E a única pessoa que os havia perseguido era o adestrador, quando lhes batia e castigava. Mas isso ninguém sabia.

Os organizadores do plano, totalmente espantados, aproximaram-se hipocritamente e perguntaram ao monge como conseguira fazer com que os cães se retirassem. Calmamente, ele respondeu: "Meus queridos discípulos, quando tiverem medo, olhem-no fixamente, corram com todas as suas forças em direção a ele e o fantasma do medo imediatamente desaparecerá".

Identificando nossos pensamentos, sentimentos e emoções

Para que um pensamento possa alterar e transformar seu mundo interior, o requisito indispensável é que primeiro você o sinta.

Se observar um lago azul e transparente, verá toda a natureza que está à sua volta refletida na água. Da mesma forma, nossos sentimentos são o reflexo natural de nossos pensamentos.

Por sua mente passam milhares de pensamentos diariamente, na maioria repetitivos, inconscientes e, como se não bastasse, negativos, por estarem contaminados por ideias baseadas no medo. Esses pensamentos têm um fluxo normal, mas com qualquer acontecimento externo desagradável disparam e começam a girar dia e noite em torno do mesmo problema. Isso faz com que a pessoa se desgaste física, mental e espiritualmente.

No momento em que você se associa a um pensamento negativo, surge o sentimento e, depois que o sente, seu mundo interior se vê alterado e perturbado. Por essa razão, é importante que comece a ter consciência dos pensamentos que passam por sua mente, pois imediatamente começará a identificar quais o fazem sentir triste, angustiado ou com raiva. Se deixar esse pensamento solto, sem nenhum controle, ele se apoderará de sua mente; se não o transformar ou substituir, ele terá efeito direto sobre seus sentimentos e emoções.

Como você tem na cabeça milhares de pensamentos que vêm de diversas fontes, é complexo identificar exatamente os que o fazem se sentir mal. Por isso, a forma mais simples de identificar seus pensamentos é observar atentamente suas emoções. São elas que o guiam e o fazem perceber o que está atraindo para sua vida.

Existem emoções que nos fazem sentir bem (alegria, paz, esperança etc.) e outras que nos fazem sentir mal (tristeza, culpa, ira, medo etc.). Quando perde algo a que estava apegado, suas emoções são negativas, porque você se sente mal. Isso quer dizer que sua emoção o está guiando e lhe diz que o que está pensando e sentindo nesse instante não é congruente com o que quer. Há, aí, um sinal de que deve mudar a maneira de pensar.

Geralmente, quando existe apego, ocorrem dois tipos de pensamentos que nos causam dor:

- *Pensamentos do passado*: a maioria são lembranças trazidas ao presente, fazendo com que a nostalgia e a dor se manifestem novamente. Às vezes, caímos em um círculo vicioso no qual constantemente estamos ruminando, de maneira inconsciente, os mesmos pensamentos do passado e nos desgastamos emocionalmente sem saber por quê.
- *Pensamentos do futuro*: geralmente estão associados com a angústia, o medo da solidão ou de perder o que se conseguiu.

Para poder mudar ou substituir um pensamento, você precisa entender que este se baseia em uma crença falsa ou equivocada, visto que lhe causa dor. Deve compreender que o pensamento ou o sentimento que possa ter estão dentro de si, não na realidade ou no que está vendo do lado de fora. Não há nada nem ninguém neste mundo que tenha o poder nem a força para fazê-lo infeliz e desgraçado, mas isso você não sabe – ou não quer acreditar –, uma vez que lhe ensinaram o contrário.

Você tem o poder de escolher e decidir mudar sua vida. Quando compreender que esse pensamento e esse sentimento vêm de uma crença falsa, quando a identificar e substituir, poderá ver a realidade do pensamento para mudá-lo conscientemente. Não se identifique com o sentimento, visto que ele não lhe pertence. Não pense que, por ter esse sentimento, seu *ser* é assim. Você não é o sentimento. Observe muito bem suas palavras e não diga: "Eu sou depressivo, eu estou triste", porque será isso que atrairá para sua vida. Também não diga: "Eu não sou depressivo, eu não estou triste" (pois o cérebro não processa o não e, por conseguinte, também atrairá depressão e tristeza para sua vida). Precisa entender que você não é a depressão nem é a tristeza, visto que elas são simplesmente estados emocionais pelos quais você está passando nesse momento. *Em vez disso, deve focar sua atenção em imagens mentais positivas.* Se o que deseja é estar alegre, feliz e tranquilo, deve pôr em sua mente imagens vívidas que reflitam esses estados.

Por tudo isso, é importante que entenda que aquilo que chamamos de problemas não o são; são simplesmente criações da mente como resposta a um acontecimento que nos incomodou por ir contra nossas crenças preconcebidas. Mesmo que resista a acreditar, você não tem problemas; apenas pensa que os tem. O verdadeiro problema surge quando você se associa a isso que sua mente criou, e é nesse momento que começa a sofrer.

> *Certo dia, ao entardecer, dois monges caminhavam; iam orando e refletindo. Estando perto do rio que precisavam cruzar, aproximou-se uma mulher de baixa estatura e pediu-lhes que a ajudassem a atravessar o rio. Imediatamente, um deles disse que sim, enquanto o outro lhe lançava um olhar de desaprovação. O primeiro colocou a mulher em seus ombros e, depois de atravessar o rio, deixou-a no chão. Feliz, a mulher lhe agradeceu e partiu.*
>
> *Os dois monges continuaram caminhando, e o que não aprovara a decisão do outro disse: "Por que colocou essa mulher em seus ombros? Esqueceu que no mosteiro nos proíbem de ter contato com mulheres?". Seu colega limitou-se a guardar silêncio.*

Seguiram seu caminho, e o monge insistia com suas perguntas, mas o outro monge não respondia absolutamente nada. Já quase chegando ao mosteiro, tornou a questioná-lo pelo que havia feito, e o outro finalmente respondeu: "Faz mais de quatro horas que aquela mulher já não está perto de minha cabeça, mas continua na sua. O que você ganha mantendo em sua mente coisas do passado? O que ganha tendo em sua mente coisas que o afetam?".

Então, eu lhe pergunto: por que, se seus problemas foram criados por si mesmo, está sempre pondo a culpa nos outros? Se quer paz, mude você, e não pense em mudar os outros. *É mais fácil calçar sapatos que acarpetar a terra.* De que serve definir e falar tanto de paz se realmente não desfruta dela?

Então, para que se preocupar com as coisas que não pode mudar? A chuva molha e o sol aquece; são dois fatos que não se pode modificar. Se falam mal de você, tudo bem; se falam bem de você, tudo bem também; são coisas que não se pode mudar. Você não tem esse controle. Não se angustie pelo que está fora de você porque, se centrar sua atenção nessas coisas e elas forem negativas, será isso que atrairá para sua vida.

Embora seja difícil entender, *isso que você chama de problema é uma oportunidade para crescer.* Sempre existem duas faces: você pode olhar com olhos de amor e com mente aberta sem se associar e sem sofrer, ou pode olhar com olhos de medo, associar-se e sofrer. Você tem duas opções para resolver o problema: procurar uma solução, caso exista, ou deixar que as coisas fluam, caso não exista.

E, por último, não se preocupe se continuarem chegando à sua mente pensamentos e sentimentos negativos, porque eles são alertas indicando que você continua adormecido; por isso, são uma ferramenta útil para despertar sua consciência.

Entendendo a dor

> *A dor é um amigo que pode ser desleal quando a mente o seduz e o transforma em sofrimento.*

No decorrer de minha vida, experimentei a dor em suas diversas formas e presenciei a dor lacerante de outros em incontáveis situações.

Senti a profunda dor de ver morrer a mulher que mais amava; a dor de ver, quando estávamos sequestrados, assassinarem diante de mim meu melhor amigo; a dor que me causava a infidelidade, o desprezo e o engano da mulher que amava; a dor que me causou ver minha filha Alejandra cair de um escorregador e sentir que ia morrer; a dor da crítica, do julgamento e dos comentários desapiedados das pessoas, sabendo que o que diziam não era verdade; a dor de ver minha neta Agustina, indefesa, lutando pela vida na UTI e a dor que isso causava em meu filho Esteban; a dor que me causava o frio quando estava subindo ao mosteiro no Himalaia e o jejum e o silêncio de quarenta dias no Tibete; a dor de ver as crianças sobrevivendo nas ruas; a dor de ver muitas crianças serem encharcadas de gasolina para ser queimadas vivas ou sendo alvejadas à queima-roupa; a dor de estar preso em uma corrente poderosa de água suja em um esgoto, segurando com todas as forças duas crianças, e de ter que escolher soltar uma para não morrermos os três; a dor de ver morrer, no Natal de 1973, uma menina de rua inocente, esmagada por um caminhão quando ia pegar a caixa vazia de uma boneca que estava jogada na rua.

Se eu houvesse deixado que minha mente guardasse durante muito tempo essas dores em meu coração, e muitas mais que senti através da vida, elas teriam se transformado em um grande sofrimento e teriam gerado, provavelmente, uma profunda depressão.

Por isso insisto tanto na importância de experimentar a vida no estado de consciência do ser, que gera a força para agir no amor, e não no medo, que é o estado da inconsciência, onde o sofrimento é amo e senhor.

Contrário a isso, as pessoas têm medo da dor e a veem como um grande inimigo; tentam ignorá-la ou resistem a ela, sem perceber que é assim que se torna mais poderosa e se transforma em sofrimento.

Existe uma grande diferença entre a dor e o sofrimento. A dor é causada por diversas circunstâncias (biológicas, físicas, sociais, culturais, religiosas etc.) e, não importando de que tipo seja, ela simplesmente está ali. O sofrimento é um fato estritamente mental; é a interpretação que sua mente faz da dor que está padecendo. É o efeito, nunca a causa.

Se você anda rapidamente, sente que seu coração bate muito forte. Se repentinamente sente dor no peito, seu corpo está lhe enviando um sinal de alerta, para que pare ou diminua a intensidade do exercício. É um aviso preventivo natural de seu corpo. Se ignorar essa dor, provavelmente terá um problema maior, que pode ser desde uma simples tontura ou desmaio até um infarto. Esses avisos podem ser interpretados de acordo com a percepção que tiver nesse momento. Ou seja, você pode sentir que vai morrer e se angustiar profundamente, intensificando assim a dor, ou pode escolher respirar profundamente, acalmar-se e pensar que tudo vai voltar à normalidade. Está em você o poder da escolha.

Em um hospital, dois pacientes que padeciam uma grande dor encontravam-se na UTI. Aquele que estava ao lado da janela, sem se importar com a dor que sentia, descrevia a seu companheiro a espetacular paisagem que tinha diante de si. Passava as horas contando-lhe, com riqueza de detalhes, como os patos abriam suas asas e voavam sobre aquele lindo lago azul e como as crianças corriam incansáveis, tentando alcançá-los. Descrevia as cenas dos casais que caminhavam em volta do parque, de mãos dadas. Às vezes, descrevia as magníficas e espetaculares cores do entardecer e o sol que mergulhava na água. Todas essas histórias enchiam de satisfação e alegravam as horas de dor de seu companheiro.

Assim se passaram várias semanas, até que, um dia, o paciente da janela amanheceu morto. Surpreso e com grande tristeza ao ver que levavam o corpo de seu amigo e que a cama ficava desocupada, com voz entrecortada pediu à enfermeira que o transferissem para a cama de seu falecido e querido amigo.

Atendendo a seu pedido, a enfermeira o trocou de lugar, e ele, muito feliz, pediu-lhe que levantasse o encosto de sua cama para ver o entardecer no lago que seu amigo descrevia tão pictoricamente. A enfermeira, surpresa, perguntou: "De que lago e de que entardecer está falando? Esta janela dá para um muro velho e sujo do edifício da frente". Ele disse: "Não pode ser! Levante-me, porque meu amigo sempre me descrevia, com riqueza de detalhes, as coisas tão lindas que via pela janela". Mais surpresa ainda, a enfermeira respondeu: "É impossível que seu companheiro houvesse visto isso, porque, no acidente que teve, ele perdeu a visão". Com lágrimas nos olhos, nesse momento, ele apreciou ainda mais seu companheiro, que, apesar da dor que suportava, sempre tentara, amorosamente, distraí-lo para amenizar a dor que estava padecendo e evitar, assim, que se transformasse em sofrimento.

Indo além do ensinamento dessa história, o que o paciente que morreu nunca soube foi que utilizou, inconscientemente, uma das técnicas védicas ancestrais mais eficientes e poderosas para conduzir a dor e evitar o sofrimento.

No Ocidente, temos ideias tão supremamente fechadas e arraigadas em nosso entendimento que muitas vezes nos bloqueamos totalmente a qualquer tipo de insinuação a respeito da solução espiritual no manejo da dor e do sofrimento.

A dor, tanto física como emocional, pode ser conduzida da mesma maneira. Aprendi isso em uma de minhas viagens ao Tibete, quando tive uma forte dor na costela devido a um golpe recebido em um acidente dois meses antes no sul da Índia.

Meu mestre, ao notar meu sofrimento, aproximou-se de mim e disse que tudo era pura imaginação, que não era real. Eu, muito surpreso, respondi: "Do que está falando? Não vê que estou me retorcendo de dor e nem sequer consigo caminhar direito?". Nesse momento, pensei que ele estava totalmente louco, e assumi uma atitude de indiferença, não prestando atenção ao que me dizia. Ele se aproximou, sorridente, e, pondo sua mão direita em meu ombro, olhou fixamente em meus olhos e disse: "Não é você quem está sofrendo. Quem sofre realmente é a pessoa que você acredita e imagina que é. E não existe no mundo a possibilidade de que você possa sofrer". Não entendi em absoluto o que ele queria me dizer, nem a que se referia meu mestre, visto que a dor não me deixava nem pensar.

Continuei suportando a dor por alguns dias, e ele disse novamente: "Entendo sua atitude displicente e suas dúvidas. Tem todo o direito de pensar assim e de permanecer no estado em que se encontra, mas, se abrir sua mente e seu coração e me ouvir em silêncio, sem tentar me questionar tanto, verá que sua dor desaparecerá".

Nesse momento, respirei profundamente, acalmei-me e ouvi suas palavras.

Ele me disse: "Deixe de olhar a dor como um inimigo e de resistir a enfrentá-la. Olhe para ela como um amigo fiel que o avisa que algo não anda bem em seu corpo. Procure imaginar sua forma e sua manifestação. Sinta sua intensidade e, conscientemente, ao ritmo de sua respiração, quando for inspirando profundamente pelo nariz, procure contrair a dor, e, quando expirar lentamente pela boca, procure expandi-la, sentindo como a dor se move para cima e para baixo, para um lado e para o outro; depois, olhe para ela de uma posição perceptiva, de fora, como se você fosse um espectador".

Graças a ele, desde então entendi que *o poder do processo curativo está na observação silenciosa, positiva, permanente e focalizada da mente.* Você precisa desenvolver a imagem visual clara e nítida de que está se curando, e sua mente criativa, em silêncio total, fará os ajustes necessários para que o processo de cura se acelere. Aprendemos isso diariamente com a natureza. Observe o processo lento de uma semente que, com o tempo, se abre, sai a raiz, começa a crescer uma planta, até que brota a flor. Diante desse processo, não há o que fazer; nada além de observar. Lentamente, ela elabora seu processo. Simplesmente, assim como a natureza, você precisa deixar fluir sem esforço, sem tensão, e assim se libertará do que tanto lhe causa dor ou o incomoda.

CAPÍTULO 6

Rumo a uma consciência superior

À medida que se aprofundar em sua consciência,
você se libertará até alcançar a paz interior total

Provavelmente, neste momento você já identificou algumas correntes limitadoras que afetam sua vida e não o deixam desfrutar plenamente. Deve estar se perguntando como realmente vai poder se libertar de tudo e chegar a *amar em liberdade*, recuperar sua paz interior e encontrar a verdadeira felicidade.

Se sempre escolheu, decidiu e agiu da mesma maneira, e seus resultados até hoje só lhe trouxeram tristeza e sofrimento, significa que deve começar a pensar de forma diferente, escolher opções diferentes e agir com firme resolução, com força de vontade e consciência pura. Isso lhe dará a oportunidade de se desprender dessas correntes que o aprisionam, porque, se continuar agindo da mesma forma e ficar esperando que um golpe de sorte mude sua situação, a probabilidade de que isso aconteça é muito baixa.

Para chegar a uma consciência superior, você precisa abrir sua mente e estar disposto a aprender coisas novas e a renovar seu conhecimento. A solução integral tem que trabalhar o corpo, a mente e o espírito de maneira harmoniosa e balanceada.

Chegam a mim milhares de pessoas que sofrem de depressão devido ao apego, desesperadas, em busca de uma solução. Eu lhes sugiro um plano de ação muito simples para trabalhar corpo, mente e espírito, baseado não apenas em minha experiência, mas na de muitos seres humanos que o implementaram com excelentes resultados.

Você pode mudar esse plano geral de ação de acordo com suas necessidades, gostos e prioridades. É um plano diário que você deve realizar durante, no mínimo, 21 dias seguidos, até formar o hábito. Daí em diante, eu recomendo adotá-lo pelo resto da vida, para que o ajude a se manter em equilíbrio e a fazer nascer a alegria transbordante de seu coração em cada passo que der.

O corpo

Nosso corpo é o fio condutor da vida. Se o corpo morre, morre a vida. Ele nos dá a oportunidade de nos conectarmos com o exterior por meio de nossos sentidos, e com nosso interior por meio da mente.

Seu corpo é um templo onde habita Deus e, por isso, deve fazer dele um lugar agradável, limpo e saudável. Sua vida será reflexo do modo como o tratar.

É impossível separar o corpo da mente, visto que, se cuidar de seu corpo, sua mente provavelmente estará saudável, e se tiver um bom manejo de sua mente, seu corpo será beneficiado. Lembre-se de que o que você pensa é o que você sente. Quando tem pensamentos de rancor, seu corpo somatiza esses ressentimentos muito provavelmente em forma de gastrite, úlcera, dor nas costas, dor de cabeça, nervosismo ou, em caso extremo, câncer gástrico.

Por tudo isso, a primeira coisa que deve implementar é uma rotina na qual dê ao corpo o mínimo necessário para que ele se mantenha saudável, melhore o fluxo sanguíneo e aumente a energia. Adote essas três recomendações: alimentação balanceada, exercício físico diário e jejum.

- *Alimentação balanceada*: analise se existem alimentos que acha que não convêm a seu organismo, já que não os digere nem processa bem. Não precisa se tornar vegetariano nem fanático por dietas. Obviamente, se em sua vida diária predominam os vegetais, frutas e alimentos saudáveis, seu corpo vai sentir os benefícios. Se puder incorporar à sua dieta alguns alimentos naturais, sem aditivos químicos, faça isso. O sucesso está no equilíbrio, uma vez que todo extremo é vicioso.
- *Exercício físico diário*: é importante que comece a realizar uma rotina diária de exercícios, preferencialmente ao amanhecer. Recomendo que essa rotina dure, no mínimo, quarenta minutos. Caso não o possa fazer ao amanhecer, arrume tempo durante o dia ou à noite.
- *Jejum*: faça um jejum de 24 horas, tomando apenas água, para se livrar das toxinas guardadas durante anos em seu organismo e para exercitar sua força de vontade. Doe a comida que não vai comer durante essas 24 horas a uma pessoa que tenha fome e se encontre na rua. Procure repetir esse jejum a cada seis meses. Caso tenha diabetes ou use insulina, não deve jejuar, mas pode comer em menor quantidade durante um dia.

A mente

Por meio da mente você pode aprender a se observar. Isso quer dizer que deve diariamente observar a si mesmo o quanto for possível e tudo o que acontece a seu redor, como se estivesse acontecendo com outra pessoa (segunda posição perceptiva. Ver página 42). A auto-observação o levará a viver uma vida com consciência, o que significa que poderá começar a desfrutar plenamente sua vida, que será o artífice e o criador de seu próprio destino. Para que isso seja uma realidade em sua vida, você precisa ter disciplina e transformar a auto-observação em um hábito diário. Em longo prazo, terá uma grande satisfação.

Se conseguir incorporar a auto-observação à sua vida, poderá começar a pensar com consciência, a falar com consciência e a agir com consciência. Essa coerência entre o modo de falar, pensar e agir o levará a alcançar sua libertação interior. Você deixará de viver a vida de maneira condicionada, programada e mecânica e começará a viver no esplendor e na magia do amor que emana naturalmente de sua consciência.

Quando começar a se observar, precisará levar em conta vários aspectos que analisaremos a seguir.

Seu relacionamento com o mundo

Observe como é seu relacionamento com o mundo; ele pode ser uma das causas pelas quais você está sofrendo. Tome um tempo para analisar a maneira como o ego influencia sua vida. Este é um processo interior somente seu, razão pela qual não deve enganar a si mesmo. Deve se aprofundar e tomar o tempo necessário, dado que desmascarar o ego é um processo de paciência e de reconhecimento profundo de si.

Ele vai tentar enganá-lo e não o vai deixar ver com clareza facilmente.

Você acha que é o ego quem controla sua vida? Para poder entender isso, precisa se aprofundar nas seguintes perguntas:

- Sua vida está baseada em ter?
- Você anda pelo mundo seguindo os outros, imitando e copiando os modelos de comportamento social e de etiqueta, mesmo que não se sinta bem?
- Sempre está atento e buscando ser aprovado e reconhecido em seu grupo social, cultural ou de moda?
- O prestígio, o poder e o reconhecimento são tão importantes em sua vida que não importa que por eles perca sua tranquilidade?
- Está sentindo angústia, dor ou sofrimento por circunstâncias externas a você?
- Tem uma vontade insaciável de competir?
- Está se comparando permanentemente com os outros em qualquer área da vida?
- Acha que sempre tem razão, e trata de fazer com que seu parceiro sempre concorde com você?
- Está permanentemente recordando aos outros o que conseguiu e o que conquistou até agora?
- Acredita que o sucesso é ter dinheiro, poder e reputação?
- Sente-se melhor que os outros por considerar-se fisicamente bonito, por vestir roupas de marca, por ter um carro do último modelo?

Seu relacionamento com os outros

Se você está sempre dependendo do reconhecimento dos outros e de que lhe digam que está certo, prepare-se e desperte, porque está dando o passo para cair na armadilha; da próxima vez que lhe disserem que está errado, sofrerá.

- Depositou sua felicidade em uma pessoa?
- Procura sempre a quem culpar quando tem uma frustração?
- Tenta, por todos os meios, conseguir o reconhecimento de quem o rejeita ou não o aprova?
- Está permanentemente se comparando com seu parceiro ou com os outros?
- Quando o adulam ou adoçam seu ouvido sente-se feliz, mas se o criticam ou menosprezam sente-se infeliz?

Emoções e pensamentos que controlam sua vida

Você precisa identificar com que tipo de pensamentos lida; se são negativos ou positivos e se está experimentando emoções que o fazem se sentir bem ou emoções que o fazem se sentir mal. Cada vez que tiver uma emoção que o perturbe ou lhe cause sofrimento, simplesmente observe-a e compreenda, pois ela será seu guia fiel, que iluminará seu caminho para que possa descobrir o que sua mente está pensando e, por conseguinte, atraindo para sua vida.

Primeiro, tem que observar seu corpo, visto que ele é seu veículo condutor. Deve aprender a observar todos os seus movimentos e gestos; notará, em algum momento, que aquilo que fazia de maneira inconsciente desaparecerá. Relaxe seu corpo e sinta-o mais leve, mais solto. Dance ao compasso de seu corpo; sinta essa música sutil que provém de seu coração. Agora, pare e observe sua mente, seus pensamentos. Eles são muito mais velozes que seu corpo. Pegue um papel e um lápis e, com a mão contrária à que escreve, comece a registrar todos os pensamentos que chegam à sua cabeça. Faça isso durante cinco minutos. Agora, novamente, observe todos esses pensamentos e anote-os em outra folha de papel com a mão que você habitualmente usa para escrever. Quando terminar, torne a lê-los tranquilamente. Dessa forma, facilmente perceberá o que está reinando em sua mente. Entenderá quais coisas afetam sua mente e quais movem seu coração. Quando olhar com consciência, verá que você não é esses pensamentos, mas que, caso se associe a eles, começarão a ser parte de você.

Deve aprender a identificar os pensamentos que chegam à sua mente, visto que sua vida andará de acordo com seu modo de pensar. Se forem positivos, sua vida será linda e alegre, mas, se a maioria for negativa, então sua vida será triste e deprimente. Daí a importância de aprender a identificar seus pensamentos e de substituir os negativos por positivos. Quando seu corpo e sua mente entram em harmonia, você atinge um estado de paz e tranquilidade rapidamente. Procure realizar esse exercício todos os dias, enquanto adquire o hábito de identificar e substituir seus pensamentos. O mais importante é adquirir o hábito de focar sua atenção nos pensamentos positivos que você deseja, os quais podem ser pensamentos de amor, bondade, paz, alegria, abundância e felicidade, entre outros, porque isso é o que, a partir de hoje, chegará à sua vida. Afirme seus novos pensamentos em voz alta, conte-os, decrete-os e sinta-os. Feche seus olhos e experimente-os com todos os seus sentidos.

Crenças que lhe fazem mal e causam apego

Quando está perturbado, deve ir até a raiz dessa emoção, que é onde está o sofrimento. Sempre encontrará que, por trás dessa perturbação, existe uma crença baseada no medo. Precisa observar atentamente sua dependência: de onde vem e por que não pode viver sem essa fonte de prazer (crença). Ao identificar a crença que lhe gera a dependência, deve observá-la, compreendê-la e substituí-la por uma nova crença que o liberte da inconsciência que gera sofrimento e lhe causa tanto mal.

Para poder identificar as crenças que estão afetando sua vida de maneira negativa, precisa voltar à sua infância e adolescência e olhar com atenção, sem se enganar. Ver a maneira como se portou em seu entorno familiar, social e escolar. Isso leva tempo e deve ser feito da maneira mais analítica possível. Analise quais dessas crenças são realmente válidas para você:

- Crenças de seu país, crenças de sua cidade.
- Crenças religiosas.
- Crenças sociais.
- Crenças sobre dinheiro.
- Crenças da classe social em que você cresceu.
- Crenças políticas.
- Crenças culturais.
- Crenças idiossincrásicas.

Medos que controlam sua vida

Devemos analisar quais são os medos que permanentemente nos fazem sofrer, nos limitam ou não nos deixam viver a vida com plenitude. Para poder identificar os medos, você precisa analisar suas emoções, porque elas serão o guia para chegar à raiz de seus medos. Ao identificar esses medos, que geralmente estão baseados em diversas crenças, terá bases suficientes para que, mais adiante, com as ferramentas de visualização criativa, meditação e serviço que vou lhe dar, possa enfrentar e vencer o fantasma do medo. Tome o tempo necessário porque, quanto mais sinceridade, honestidade e profundidade houver em suas respostas, maior será o impacto em seu bem-estar.

- Identifique os medos que sente de perder a pessoa a quem está apegado.
- Identifique os medos que tem de perder as coisas materiais que são importantes para você.
- Identifique os medos que tem por estar apegado a uma ideologia específica (política, religiosa, sexual etc.).
- Por trás de cada desculpa existe um medo. Identifique as desculpas que diariamente dá e verá um medo por trás.

Identifique e transcenda a dor

Feche os olhos e sente-se, sem fazer esforço algum. Alongue e relaxe seus pés, mãos, pescoço, o corpo todo. Procure encontrar qualquer fonte de mal-estar que gere dor e desequilíbrio; preste atenção nela e não a ignore, porque fará com que sua consciência vá ou continue aí. Não ignore os sinais do corpo, identifique-os. Abandone e liberte o medo. Uma dor leve nos assusta e, se dermos força a esse medo, não poderemos identificar a resposta natural que o corpo está tentando dar. Veja onde está o mal-estar, perceba como é, sinta-o, não se identifique com a dor nem com o sofrimento; solte esse condicionamento do passado. A dor é totalmente diferente do sofrimento; o sofrimento é um fato mental, é sua interpretação desse sinal de dor; em si mesma, a dor é neutra.

Não olhe a dor como uma inimiga, e sim como uma indicadora, uma amiga fiel que lhe avisa que chegou a hora de escolher e de mudar. Feche os olhos por um instante e deixe que sua consciência e seus pensamentos fluam livremente de um lado para o outro; agora, preste muita atenção nessa sensação. Identifique de onde vem e em que órgão do corpo a sente. Experimente a fundo a sensação, sem medo. Nesse momento, sua inteligência superior ou consciência divina começa a elaborar a cura interna. Tão simples como quando era um bebê. Você chorava se alguma coisa doía ou incomodava e, imediatamente, sua mãe lhe dava toda sua atenção; você se acalmava e parava de chorar. Assim é seu corpo. Quando você lhe dá atenção e escolhe soltar e libertar, você se acalma e se cura, porque todas as suas células têm uma inteligência individual.

Depois que identificar os pensamentos, sentimentos e emoções que tanto o perturbam, vá a algum lugar, na natureza, onde possa encontrar uma árvore. Tire os sapatos, afaste-se aproximadamente quinze passos dela, visualize-a e comece a caminhar lentamente em direção a ela. Quando chegar, abrace-a fortemente com os braços e os pés. Traga à sua mente o pensamento e o sentimento que o perturbam e deposite-os na árvore. Com os olhos fechados, expresse em voz alta tudo o que sente e fique ali até sentir que já liberou a energia negativa. A árvore exerce, por si mesma, uma atração de energia tão forte que atrai até a força poderosa de um raio. Da mesma forma, exerce um campo de atração que nos ajuda a transmutar e transformar nossa energia. Quando achar que está melhor, agradeça à árvore por receber o que tanto o perturbava e lembre-se dela como uma amiga fiel, que sempre estará ali para você, que lhe dará seus frutos, sua sombra, sua fragrância e sua energia quando precisar.

Soluções específicas para cada caso

As pessoas reagem de formas diferentes diante de uma circunstância externa que gera apego. Faremos um mapa para ir observando, passo a passo, o que você está sentindo e pensando, e para que possa ver, entender e compreender que a dor que experimenta não é mais que uma criação de sua mente.

Problemas de relacionamento afetivo

1. Identifique o que acontece dentro de si. Anote, em uma caderneta que você guardará por um tempo, cada uma das coisas que identificar em seu caso específico, de acordo com sua situação.

    a. Exponha o problema que você criou. Exemplo: Meu parceiro me traiu e foi embora com a outra pessoa.
    b. Identifique a emoção mais forte que se desencadeia pelo seu sentimento. Exemplo: Ira por se sentir enganado.
    c. Identifique o sentimento que nasce em você quando se associa a esse pensamento. Exemplo: Não posso viver sozinho. A vida não tem sentido (medo).
    d. Identifique o pensamento que o perturba. Exemplo: Por que essa pessoa me traiu, se eu lhe dei todo meu amor? Eu a odeio.
    e. Identifique a crença que faz com que você sinta tudo o que foi dito anteriormente. Exemplo: No casamento ou em um relacionamento afetivo, deve haver fidelidade até a morte. A partir do momento em que me uno a uma pessoa, ela me pertence.

2. Experimente todos esses pensamentos, sentimentos e emoções em seu coração, até o limite, ou seja,

intensifique-os. Não tenha medo de que isso lhe cause dor.

3. Concentre toda sua atenção na origem dessa dor.
4. Agora, pegue todos esses pensamentos, sentimentos e emoções e olhe para eles por meio de uma percepção diferente de si mesmo. Imagine que estão em uma tela de cinema e você os observa de sua poltrona, mas não se envolve nem se associa a eles. Simplesmente os observa e deixa que fluam e que passem. Assim, começará a se dissociar dessa dor e verá que todos esses pensamentos foram criados estritamente por sua mente contaminada pelo ego. Permita que essa criação elaborada por sua mente seja desintegrada, desmaterializada; libere-a e solte-a. Entenda que você não é essa emoção, não é esses sentimentos, não é essa dor. Apenas observe-os e deixe que vão se desmaterializando. A única forma de uma pessoa sair de sua vida é vê-la tal como é, e não como a criou em sua mente. Nesse momento, verá a realidade, visto que entenderá o que acontece; quando isso acontecer, ela sairá de sua vida.
5. A partir de hoje, cada vez que esse pensamento destrutivo voltar à sua mente, faça uma afirmação verbal em voz alta e substitua esse pensamento negativo pelo oposto positivo. Deixe que esse pensamento comece a emanar livremente de seu coração, baseado no amor, não no medo. Exemplo: "Vivo feliz e me sinto bem desfrutando minha liberdade". Repita isso três vezes em voz alta sempre que esse pensamento negativo surgir em sua mente.

Comece a pensar que você é um ser cheio de luz, amor, paz e felicidade. Observe os pensamentos tolos aos quais estava acostumado a se associar e deixe que passem. De agora em diante, precisa ter consciência de que esses pensamentos tolos são como a água e você é como uma barca que flutua, navega e flui no mar. Tome cuidado para que a água não entre na embarcação.

6. Maximize os defeitos que essa pessoa tinha cada vez que a recordação chegar até você e minimize suas qualidades. Dessa forma, cada vez terá menos desejo de estar com ela, visto que entenderá a realidade que não queria ver.
7. Volte no tempo, antes de conhecer essa pessoa que lhe causa tanto mal, quando sua vida transcorria normalmente, sem essa dor e a angústia que está experimentando. Estava tranquilo e sereno? Desfrutava sua vida com o que tinha naquele momento? A paz e a tranquilidade voltarão a você e poderá reviver esses bons momentos.
8. Observe e desfrute a paz que está alcançando não vivendo nessa dependência e nessas situações tão desagradáveis e frustrantes.

Quando morre uma pessoa querida

1. Identifique o que acontece dentro de si. Anote, em uma caderneta que você guardará por um tempo, cada uma das coisas que identificar em seu caso específico, de acordo com sua situação.

   a. Exponha o problema. Exemplo: A pessoa que eu amava morreu e me deixou sozinho.
   b. Identifique a emoção. Exemplo: Medo da solidão.
   c. Identifique o sentimento. Exemplo: Não sei como é viver sozinho, e nem quero.

d. Identifique o pensamento (cada pessoa pode ter um pensamento diferente, de acordo com a situação). Exemplo: Por que tinha que morrer antes de mim e me deixar sozinho?
e. Identifique a crença. Exemplo: Sempre preciso estar acompanhado de alguém para ser feliz. Não posso chegar à velhice sozinho.

2. Experimente todos esses pensamentos, sentimentos e emoções em seu coração, até o limite, ou seja, intensifique-os. Não tenha medo de que isso lhe cause dor.
3. Concentre toda sua atenção na origem dessa dor.
4. Agora, pegue todos esses sentimentos e olhe para eles por meio de uma percepção diferente de si. Imagine que esses pensamentos, sentimentos e emoções estão em uma tela de cinema e que você os observa de sua poltrona, mas não se envolve, nem se associa a eles. Simplesmente os observa e deixa que fluam e que passem. Assim, começará a se dissociar dessa dor e verá que todos esses pensamentos foram criados estritamente por sua mente contaminada pelo ego. Permita que essa criação elaborada por sua mente seja desintegrada, desmaterializada; libere-a e solte-a. Entenda que você não é essa emoção, não é esses sentimentos, não é essa dor. Apenas observe-os e permita que vão se desmaterializando.
5. A partir de hoje, cada vez que esse pensamento negativo voltar à sua mente, faça uma afirmação verbal em voz alta e substitua esse pensamento negativo pelo oposto positivo. Deixe que esse pensamento comece a emanar livremente de seu coração, baseado no amor, não no medo. Exemplo: "Sou feliz porque, embora o

corpo da pessoa querida já não me acompanhe, seu espírito está em meu coração e ilumina meu caminho". Repita isso três vezes em voz alta sempre que esse pensamento negativo surgir em sua mente.

Comece a pensar que você é um ser cheio de luz, amor, paz e felicidade. De agora em diante, precisa ter consciência de que você é como um barco que flutua, navega e flui no mar. Tenha cuidado para que a água não entre na embarcação.

6. Elabore perguntas que o levem a despertar sua consciência e a perceber o erro ou o estado de inconsciência em que está. Que benefícios me traz sofrer, isolar-me, guardar luto? Por que sou tão orgulhoso e egoísta e não aceito a vontade de Deus?
7. Volte no tempo, antes de conhecer essa pessoa que morreu, quando sua vida transcorria normalmente sem essa dor e a angústia que está experimentando. Estava tranquilo e sereno? Desfrutava sua vida com o que tinha naquele momento? Isso prova que a paz e a tranquilidade voltarão a você e que poderá reviver esses bons momentos.
8. Escreva uma carta na qual organize todos os sentimentos e emoções que ficaram reprimidos em seu coração e que quer libertar. Escreva todas as coisas que quis expressar durante a vida da pessoa e que provavelmente nunca disse, e todas as que está sentindo pelo fato de essa pessoa não se encontrar a seu lado. Acenda uma vela e comece a queimar a carta. À medida que queima, peça a Deus que o liberte dessa dor e que o ajude a encontrar novamente a paz e a tranquilidade.
9. A partir de hoje, apesar de suas crenças, tire o luto e vista uma cor alegre. Comece a frequentar lugares

novos, procure inovar e faça todas as coisas que sempre quis fazer e não fez para satisfazer a pessoa que já não está com você. Recupere seus sonhos e procure materializá-los. Ponha fé, paixão e amor neles; assim, pouco a pouco, recuperará sua força interna.

Quando se tem um apego material

1. Identifique o que acontece dentro de si. Anote, em uma caderneta que você guardará por um tempo, cada uma das coisas que identificar em seu caso específico, de acordo com sua situação.

    a. Exponha o problema. Exemplo: Fui despedido da empresa e estou desempregado e sem dinheiro.
    b. Identifique a emoção. Exemplo: Medo do futuro.
    c. Identifique o sentimento. Exemplo: Sinto que minha vida desmoronou.
    d. Identifique o pensamento (cada pessoa pode ter um pensamento diferente, de acordo com sua situação). Exemplo: Não sou capaz de seguir em frente sem esse emprego. Não sei em que mais trabalhar.
    e. Identifique a crença. Exemplo: Sem dinheiro sou infeliz, sou um joão-ninguém.

2. Experimente todos esses pensamentos, sentimentos e emoções em seu coração, até o limite, ou seja, intensifique-os. Não tenha medo de que isso lhe cause dor.
3. Concentre toda sua atenção na origem dessa dor.
4. Agora, pegue todos esses sentimentos e olhe para eles com uma percepção diferente de si mesmo. Imagine que esses pensamentos, sentimentos e emoções estão em uma tela de cinema e que os observa de sua poltrona,

mas não se envolve, nem se associa a eles. Simplesmente os observa e deixa que fluam e que passem. Assim, começará a se dissociar dessa dor e verá que todos esses pensamentos foram criados estritamente por sua mente contaminada pelo ego. Permita que essa criação elaborada por sua mente seja desintegrada, desmaterializada; libere-a e solte-a. Entenda que você não é essa emoção, não é esses sentimentos, não é essa dor. Apenas observe-os e deixe que vão se desmaterializando.

5. A partir de hoje, cada vez que esse pensamento negativo voltar à sua mente, faça uma afirmação verbal em voz alta e substitua esse pensamento negativo pelo oposto positivo. Deixe que esse pensamento comece a emanar livremente de seu coração, baseado no amor, não no medo. Exemplo: "Agradeço as coisas simples e belas que tenho neste momento. Sou um ser de luz, amor e abundância. O universo tem infinitas possibilidades para mim". Repita isso três vezes em voz alta sempre que esse pensamento negativo surgir em sua mente.

   Todas as manhãs, ao acordar, comece por agradecer e pense durante cinco minutos que você é um ser cheio de luz, amor, paz e felicidade. Foque toda sua atenção nas coisas positivas que quer conseguir.

6. Tome um tempo para pensar sem medo nas metas e objetivos de curto prazo que quer atingir. Imagine o tipo de emprego que gostaria de arranjar e que outro tipo de receitas poderia conseguir. Há um leque de diversas oportunidades para você; deve apenas explorar seus dons, qualidades e conhecimentos.
7. Desenhe em um papel tudo aquilo que quer conseguir e elabore um plano de ação cronológico com metas concretas de curto prazo.

8. Visualize isso que quer conseguir (mais adiante, aprofunde na técnica da visualização criativa). Sinta-o, experimente-o e viva-o com todos os sentidos, como se já o houvesse conseguido. Feche seus olhos e forme uma imagem vívida. Imagine o que fará quando já o tiver. Imagine esse dia, sua família, seus amigos, o entorno físico etc.

O espírito

Tendo dado os passos anteriores, já subiu vários degraus no caminho da espiritualidade, mas, para chegar a um estado de consciência superior, no qual encontrará o amor verdadeiro, a paz renovadora e a luz divina, precisa trabalhar seu espírito.

A visualização criativa e a *meditação* são as ferramentas que o guiarão para evoluir nesse campo, mas o que o potencializará e ajudará a evoluir, crescer e transcender é o serviço amoroso aos outros e a tudo que o cerca, sem esperar nenhuma compensação.

Independentemente do tipo de crenças que tiver, para viver a espiritualidade de uma maneira profunda, autêntica e simples é necessário que transforme as ferramentas anteriores em hábitos de vida; isso lhe dará força suficiente para que o espírito se manifeste livre e espontaneamente por meio do pensamento, da palavra e da obra.

Para conseguir evoluir nesse campo você deve:

- Usar a visualização criativa diariamente como ferramenta principal para mudar seu mundo e atrair para sua vida o que deseja.

- Incorporar a meditação como parte fundamental de suas atividades diárias para poder viver uma vida plena, sem apegos.
- Realizar um ato de amor diário com as pessoas que o cercam ou com gente que esteja sofrendo, sem esperar receber nada em troca.

A seguir, você encontrará uma explicação ampla e profunda dessas ferramentas, para que, quando as processar e entender, possa colocá-las em ação, elaborando um plano específico e profundo que se ajuste a seus gostos e facilidades.

A visualização criativa

Quando você visualiza, pode materializar aquilo que quer para sua vida.

Desde muito pequeno, tenho utilizado a técnica da visualização criativa, que consiste em usar o poder da imaginação para criar e materializar o que queremos e desejamos na vida. Provavelmente você também já a utilizou muito mais do que acredita e talvez não tenha percebido. Por isso, quero lhe explicar de que maneira nossa mente funciona e como ela utiliza a visualização para criar nossa própria realidade.

Devemos ter em conta que nossa vida é influenciada por duas realidades. Por um lado, por tudo aquilo que acontece no mundo exterior, ou seja, todos os condicionamentos e estímulos que nos chegam por meio de nossos cinco sentidos, e, por outro, por tudo aquilo que acontece somente dentro de nós. Essa última realidade rege nosso comportamento, nossas ações, reações e pode acorrentar ou permitir nossa liberdade emocional. Isso porque nosso cérebro não distingue entre um acontecimento real e um imaginado.

É importante entender que o cérebro é como um computador central, que controla todas as funções de nosso corpo, tanto as conscientes (falar, caminhar, cantar etc.) como as inconscientes (respiração, digestão, batidas do coração etc.).

Além das funções físicas, o cérebro também ordena ao corpo reagir diante de um acontecimento que está se desenrolando. O que acontece é que a mente não consegue distinguir a realidade e a fantasia. Ou seja, quando você está vendo no cinema um filme que o apaixona e se envolve nele, pode sentir a mesma dor ou tristeza, alegria ou tranquilidade, como se estivesse acontecendo realmente em sua vida. O que ocorre é que o cérebro não distingue entre um acontecimento real e um imaginado; a resposta a esse estímulo é a mesma. Isso quer dizer que, se ocorrer algum acontecimento desagradável em nossa vida ou se imaginarmos que vai ocorrer, para o cérebro é a mesma coisa. Ele simplesmente ordena a resposta adequada ao corpo. Esta é a razão pela qual o estresse nos afeta e causa tantas doenças.

O cérebro não apenas emite uma resposta física ao corpo, como também programa um padrão de comportamento e, de acordo com o modo como nos comportemos, teremos os resultados, sejam positivos ou negativos para nossa vida.

O segredo e o poder da visualização criativa estão no fato de que, ao criar uma realidade interna, automaticamente o cérebro programa a pauta de conduta adequada, e essa pauta nos leva aos resultados. Por isso, depende de nós única e exclusivamente, por meio de nossos pensamentos, acreditarmos na realidade que queremos obter. Daí a importância de observar que tipo de pensamentos, tanto conscientes como inconscientes, estamos tendo, pois, se nossos pensamentos forem negativos, nossas emoções também serão e, por conseguinte, nosso comportamento e, evidentemente, nossa realidade também, mas, se seus pensamentos forem positivos, de paz, abundância e amor, será isso que terá.

Por isso a importância de ter consciência de seus pensamentos passados, presentes ou futuros, pois não importa se está recordando, visualizando ou imaginando momentos que viveu ou viverá: estará ativando uma cadeia de pensamentos que atrairão e criarão essa realidade em você.

A ideia, então, é que, a partir de hoje, comece a usar a visualização criativa para atrair o que quer para o futuro e para mudar o que construiu até hoje.

A magia da visualização criativa nos torna mais conscientes e nos ajuda a descobrir e a usar o poder que se encontra em nossa imaginação para criar uma imagem mental ou uma representação vívida de algo que desejamos que se materialize. Se continuarmos focando permanentemente essa ideia, imagem ou sensação, estaremos injetando nela energia positiva até que se transforme em realidade. Nosso objetivo pode ser de qualquer tipo: físico, mental, emocional ou espiritual. A visualização criativa pode ser usada para obter felicidade, plenitude, saúde, bons relacionamentos, um trabalho gratificante, para podermos nos expressar como somos e até para transformar interna e profundamente o mundo, a fim de que o espírito possa crescer e expandir sua consciência.

A visualização criativa nos ajuda a compreender e a apreciar melhor os princípios e as leis naturais que regem a ação de nosso universo e nos ajuda a usar esses princípios de maneira mais consciente, imaginativa e criativa, atraindo abundância para nossas vidas.

Você não pode usar essa técnica para controlar o comportamento dos outros ou para aquilo que vá contra a vontade deles ou de seu livre-arbítrio. O presente que a visualização nos dá é poder destruir nossas barreiras internas, nossos medos e dúvidas que se encontram em oposição ao estado de consciência natural de nosso ser, que é o amor, e, assim, podermos nos realizar como pessoas livres e manifestar nossos aspectos mais positivos aos outros.

Essa técnica é muito simples, mas muito poderosa:

- Fique confortável e observe sua respiração por um minuto.
- Deixe de lado os pensamentos negativos e as coisas ruins que cercam sua vida. Deixe para trás os medos e as dúvidas.
- Foque e faça uma lista das coisas pequenas e simples que Deus e a vida lhe deram, agradecendo por elas. Foque especialmente suas qualidades e dons. Procure qualquer coisa que lhe possa fazer sentir bem ou lhe dê tranquilidade nesse momento.
- Use toda sua imaginação e criatividade para criar uma imagem vívida, colorida e descritiva do que quer conseguir. Procure ver e experimentar a imagem com todos os seus sentidos: cheire-a, toque-a, sinta-a, observe-a.
- Pinte a imagem que está imaginando ou recorte de uma revista alguma imagem que o represente. Carregue-a com você ou deixe-a em um lugar fixo onde a possa ver constantemente.
- Feche os olhos e leve essa imagem à fronte. Procure fixar todos os detalhes do desenho em sua memória. Abra os olhos e compare os detalhes com o desenho que fez mentalmente.
- Peça a esse ser superior, à energia ou àquilo em que acredita, com toda sua fé, isso que deseja materializar.

- Desloque-se no tempo. Vá ao futuro e sinta, com toda sua paixão e com toda sua força, que já conseguiu isso que quer. Imagine o momento em que o está conseguindo. Imagine como é o lugar, com que pessoas está, como é o clima etc.
- Volte ao presente, alegre, contente e feliz. Deixe que as coisas fluam. Não se aferre àquilo que pediu, porque sofrerá. Se você se agarrar a isso, não dará oportunidade ao universo de entregar a você o que pediu. Continue desfrutando o que tem no presente. Sempre existem coisas belas que você pode desfrutar enquanto obtém outras melhores.
- Você precisa estar totalmente aberto e receptivo e usar sua intuição para reconhecer os sinais que o universo está lhe mandando. Quando sentir que eles estão se manifestando em sua vida, não hesite em agir com toda sua convicção. Precisa estar totalmente seguro de que isso vai chegar.

O mais importante nesse processo é sua forma de sentir, visto que a compreensão e o direcionamento de seus pensamentos dependem de seus sentimentos.

Todo esse processo deve ser realizado diariamente, cada vez mais conscientemente. Quanto mais vezes puder, melhor. Esse é um processo que levará certo tempo; portanto, deve transformá-lo em hábito. O importante desse processo é aproveitar cada passo que der na consecução de seu sonho. É sentir a magia da vida enquanto está no processo.

Você não pode pedir nada que vá contra a vontade de outras pessoas nem de seu livre-arbítrio.

Ao aplicar essa visualização, o sucesso depende de sempre focar o positivo que você quer atrair para sua vida. Tem que ser congruente e estar na mesma frequência daquilo que quer materializar. Quando o que estiver pensando, o que estiver sentindo e o que quiser atrair para sua vida vibrarem em uma mesma frequência, conseguirá atraí-lo. Se pensar de maneira positiva, sentir-se feliz e a imagem do que quer de sua vida estiver cheia de paixão, amor e gratidão, você se sentirá maravilhoso, e isso é o que obterá. Quando chegar algo negativo, imediatamente deve substituí-lo por essa imagem positiva que você criou.

A visualização criativa pode ser usada para fazer uma transformação interna e profunda de seu mundo, para que seu espírito possa crescer e expandir a consciência.

> *Um homem pediu um conselho a um mestre espiritual para estar em paz e ser feliz. O mestre lhe disse: "Busque a felicidade mais no dar que no receber, mais dentro de si que do lado de fora". O discípulo voltou pouco tempo depois para contar que, embora estivesse mais satisfeito, ainda não encontrara a plena felicidade. O mestre sugeriu-lhe que procurasse a felicidade nos bons relacionamentos, e não em muitas posses, e mais nas coisas pequenas e simples que Deus e a vida lhe davam que nas grandes e complexas. Uma vez mais, o discípulo regressou e disse que ainda não era feliz. O mestre, então, convidou-o a uma experiência de meditação e a um banho purificador em um rio. Depois de meditar, foram a um rio, e quando o discípulo se descuidou, o mestre o segurou com força e manteve sua cabeça submersa na água. O jovem tentava em vão se soltar, e seu robusto mestre o segurava com vigor. Por fim, quando lhe restava apenas o último alento, safou-se do mestre e começou a respirar com toda sua vontade. O mestre parou diante dele, sorriu e, ven-*

do a força com que puxava o ar, disse: "Meu querido discípulo, quando buscar a felicidade, qualquer meta ou sonho na vida, se o fizer com essa mesma vontade, focando nas coisas boas que tem e que quer conseguir, sua vida estará cercada da paz e felicidade que residem dentro de si".

A meditação o liberta

A meditação é um dom com o qual todos nascemos. Você tem o poder de desenvolvê-lo e implementá-lo.

Desde menino, a meditação, natural e espontaneamente, fez parte de meu crescimento e evolução. Embora pareça loucura, devo agradecer a um professor de meu colégio que me impunha constantemente o castigo de me isolar em um bosque solitário cheio de pinheiros e eucaliptos durante longas horas nas tardes, enquanto meus colegas voltavam felizes para suas casas. Ele jamais imaginou que esse castigo, imposto para que eu sentisse medo da solidão, dos animais que provavelmente habitavam ali, a Cuca, o bicho-papão e o duende das mil cabeças, me levaria a desenvolver a maravilhosa habilidade da meditação.

Aos nove anos, com muito medo, entrei pela primeira vez naquele bosque, e, obviamente, a primeira coisa que senti foi vontade de fugir; não o fiz porque o professor se sentava à entrada do bosque para fumar cigarros sem filtro e se certificar de que eu permaneceria ali. Advertia-me de que, se não cumprisse o castigo, teria que ficar muitas horas mais.

Não tendo nenhuma opção, decidi começar a desfrutar o que tinha, e, assim como qualquer criança, meu instinto inicial foi subir nas árvores. Foi assim que encontrei meu pinheiro silvestre preferido, no qual passava longas horas: o tronco se abria em dois galhos, formando uma espécie de cama no ar. Ali, eu me acomodava calmamente para descansar; a altura me dava tranquilidade e a sensação de poder sobre todos os medos e perigos dos quais o professor me falava. Comecei a desfrutar plenamente da fragrância da árvore e a observar e contemplar; não fazia absolutamente mais nada. O tempo foi passando, e esse lugar se transformou em meu refúgio e meu local sagrado. Comecei a sentir vontade de voltar àquele maravilhoso lugar onde encontrava paz e harmonia total. Sentia que minha mente adormecia e se aquietava, sem saber, ainda, que isso que estava fazendo se chamava meditação, uma vez que, nos anos 1950, as poucas pessoas que a realizavam eram consideradas excêntricas, fanáticas ou de uma seita contra Deus.

Lembro-me de um momento muito especial no qual o tempo ficou suspenso. Tive uma sensação indescritível: eu via meu corpo embaixo da árvore e flutuava no ar. Vi uma luz resplandecente que nunca vira antes e que não pertencia a meu pequeno mundo. Acordei sobressaltado, desci rapidamente da árvore e corri para contar a meu professor o que havia acontecido. Ele, sorrindo ironicamente, disse: "Jaramillo, você é tão ignorante e se comporta tão mal que essa luz é o diabo que apareceu e quer levá-lo para o inferno". Cheguei à minha casa muito assustado e contei tudo a Estercita, que dedicou sua vida a cuidar, servir e amar minha família. Era como minha segunda mãe. Ela me disse: "Meu filho, vamos rezar um rosário". Pela primeira vez, devido ao medo que sentia, rezei um rosário com a devoção, concentração e consciência que jamais havia tido. Quando contei a meus pais, nem sequer me deram atenção e acharam que era mentira, um exagero ou uma de minhas loucuras. Também contei a história a meus amigos, e um deles, uns meses depois, levou-me um livro que tirara escondido da biblioteca do pai. Chamava-se *El cordón de plata*, escrito por Lobsang Rampa. Esse livro me deu tranquilidade, pois entendi que o que eu havia sentido não era o diabo nem nada parecido. Graças a ele, entendi que, por meio da respiração e da concentração da mente, o espírito pode sair do corpo e transcender a dor e as barreiras físicas.

A partir desse momento, a meditação tornou-se parte essencial de minha vida e, graças a ela, pude desfrutar a vida plenamente sem nunca perder minha paz interior, mesmo nos momentos mais tenebrosos, difíceis e perigosos, como quando fui sequestrado e, diante de meus olhos, tiraram a vida de meu amigo. Do mesmo modo, por mais de três décadas, ensinei essa arte a milhares de seres humanos, para que a utilizem apropriadamente e consigam uma transformação profunda na vida.

É importante que você entenda que a meditação é um dom com o qual todos nascemos. Você tem o poder de desenvolvê-lo e implementá-lo de acordo com suas necessidades. O problema é que, quando nos educam, ensinam-nos que precisamos "amadurecer", não ser "infantis", não nos impressionarmos com bobagens, enquadrando-nos em rígidas e absurdas normas. Essas normas rígidas de comportamento fazem com que dispersemos o olhar e deixemos de lado nosso estado meditativo original, que tínhamos quando crianças.

Pelo mundo inteiro, onde tive a oportunidade de compartilhar minhas experiências, tratei do tema do sofrimento causado pelo apego e recomendei a meditação – como um instrumento natural e simples que existe desde o início da Criação – para transcender esse sofrimento. Algumas vezes isso gera controvérsia, especialmente entre certos fanáticos de diversas religiões ou culturas, que têm uma visão totalmente limitada por seus sistemas de crenças ou ideologias religiosas.

Muitas pessoas acreditam que vieram ao mundo para sofrer, e suas religiões asseveram isso. A realidade é que *Deus o trouxe ao mundo para que seja feliz e para que compartilhe seu amor e sua paz interior com os seres que o cercam.* A única forma de transcender o sofrimento é por meio da meditação, pois, graças a ela, você se transformará em uma testemunha fiel do que acontece em seu mundo exterior. Assim como os raios do sol iluminam seu mundo exterior, a meditação iluminará e resplandecerá seu maravilhoso mundo interior, no qual reina o amor e onde reside seu ser.

Uma consciência coletiva começa a despertar neste novo século e há um grande afã de encontrar a espiritualidade, devido a, gradualmente, vermos mais longe e acreditarmos ser mais difícil alcançar o amor, a paz interior e a harmonia entre corpo, mente e espírito. Essa busca se deve ao grande vazio interior causado pelo estado de ansiedade produzido por depositarmos todas as nossas energias em possuir, ter ou manipular. Atualmente, o ser humano do Ocidente já se deu conta dos benefícios que a meditação pode trazer, e, por isso, muitas pessoas começaram a incorporá-la à sua vida.

Provavelmente em algum momento você já ouviu falar de meditação, mas não se sentiu atraído por ela por diversos motivos. Por um lado, disseram-nos que isso tem a ver com religião, e que sua prática não é bem-vista; ou nos mostram a meditação como algo que só os budistas ou as pessoas do Oriente fazem, dizendo-nos que não é próprio de nossa cultura. Também, em algum momento, vimos pessoas que pronunciam alguns mantras em posições totalmente estranhas, desconfortáveis e absurdas, que não entendemos, fazendo com que as ridicularizemos e debochemos delas.

Quero que fique bem claro que a meditação não tem nada a ver com o tipo de religião, crença ou seita à qual você pertence. Não é importante se você acredita em Deus ou não, se acredita na alma ou não, se acredita que existe vida após a morte ou não. A única coisa certa é que você existe, e a meditação é simplesmente a chave para acessar seu interior, para que, enquanto estiver vivo, possa penetrar até as profundezas de seu ser e desfrutar amorosa e plenamente sua passagem por este mundo.

Eu o convido a se dar a oportunidade de desenvolver essa habilidade natural, para que a torne parte essencial de seu estilo de vida e a use não apenas uma hora por dia, ao amanhecer, quando trabalha o despertar de sua consciência, mas também que a incorpore a todas as suas atividades diárias, como quando estiver praticando esportes, cozinhando, arrumando seu quarto, trabalhando, cantando, compartilhando com sua família, divertindo-se ao compasso da música ou simplesmente descansando, recostado em sua cama.

O estresse nasce quando você faz coisas que lhe causam tensão; essa tensão é, geralmente, criada por você mesmo, dependendo da atitude que tiver diante da vida. A meditação lhe dá clareza e lhe permite estar consciente para que as coisas que você faz não o perturbem nem o incomodem e para que encontre o sentido, o carinho e o amor por aquilo que está realizando.

Para conseguir essa transformação interna, precisa entender, compreender e processar uma série de conceitos que o guiarão e lhe darão a força necessária. Do contrário, tudo o que realizar será uma mudança passageira.

- Quando identificar suas correntes e tomar consciência de que precisa de uma mudança dentro de si, você deve abrir sua mente para viver essa mudança, sem se preocupar com o que os outros pensam.
- Deve soltar, relaxar e deixar que tudo flua naturalmente, sem afã, sem esperar, sem expectativas, porque, quanto mais lutar para mudar, menos conseguirá. Quanto mais luta, mais você se enfraquece, mais se esgota.
- Sua consciência lhe dará o poder para alcançar a verdadeira transformação, que vem somente de dentro, das profundezas de seu ser, porque as mudanças feitas do lado de fora serão superficiais. Quando despertar sua consciência, seu caráter começará a mudar e suas emoções não mais o perturbarão nem o farão reagir com ira, medo ou dor. A consciência lhe permitirá ser capaz de observar suas emoções e seus sistemas de crenças, deixando-os fluir livremente, sem se aferrar ou associar a eles. Nesse momento, sua vida alcançará uma nova dimensão, que o levará, instantaneamente, a estar centrado em seu ser.
- Não tenha falsas expectativas nem alimente a esperança de obter a iluminação e ver resultados impactantes, como visões extraordinárias ou milagres inesperados que invadam sua mente, pois poderá se desiludir e sentir uma grande frustração. O verdadeiro poder transformador da meditação é muito mais simples, comum e sutil do que você imagina; ele se vê refletido em uma mudança em seu corpo, suas emoções e seus sentimentos, fazendo com que sua energia interna cure não só as feridas da alma, como também as de seu organismo.

O que é meditação?

Quando olho nos olhos de minha neta Agustina, de treze meses de idade, posso ver que dentro dela existe uma grande inocência. Além dessa inocência, há paz interior, acompanhada de um silêncio profundo. Ela está permanentemente em estado meditativo natural, usufrui de tudo, ri com tudo e se diverte levando à boca qualquer objeto, seja sujo ou limpo. Ela está o tempo todo em um estado contemplativo e de observação profunda, mas, ao mesmo tempo, está totalmente alerta e desperta; sua capacidade de assombro é imensa, e posso ver sua alma em seus olhos, porque é um ser de luz que só sabe dar amor e alegria.

Se não tivéssemos a influência da sociedade, com toda sua contaminação baseada no ego, nosso estado natural meditativo com o qual viemos ao mundo seria o mesmo de qualquer bebê e nos acompanharia por toda a vida.

A meditação é, então, uma viagem fantástica ao desconhecido de seu mundo interior: lá você recuperará o espaço que perdeu através dos anos.

Na meditação, em vez de estar tentando focar o lado de fora, você fecha as janelas para o exterior e entra em seu mundo interior, observando e deixando sua mente se aquietar. Deixe que, pouco a pouco, sua consciência, que esteve dispersa e enredada em coisas diferentes, se centre interiormente e repouse suavemente em você.

A meditação é voltar ao básico, a seu lar, a seu templo sagrado, no qual só o amor e a paz reinam. É ser de novo um observador contemplativo com todos os sentidos, como quando você era criança; uma testemunha permanente de cada coisa que acontece a seu redor, como quando observa uma ave que voa no céu azul. Vê a ave voando e ouve claramente o som de seu canto. Uma coisa é o pássaro, ou seja, o objeto que observa, e outra coisa é você, o sujeito que está vendo e ouvindo o pássaro. Mas, quando estiver em um estado de relaxamento e silêncio total, você poderá ver e perceber a cena de outra dimensão. Verá o pássaro voando e cantando, mas também verá a si mesmo observando aquele pássaro. Nesse momento, você poderá começar a ver e experimentar além de seus sentidos, irá além do sono profundo, mas estando consciente.

Alcançar esse estado de consciência é mais que uma experiência; é você, é seu próprio ser em toda sua plenitude. Isso lhe dá o poder de observar tranquilamente sua mente e ver como ela, lentamente, vai se aquietando e ficando adormecida. É a essência e o objetivo principal da verdadeira meditação. Ou seja, você não se associa ao que está acontecendo, simplesmente é uma testemunha consciente e aberta que não tem expectativas nem espera resultados. Simplesmente observa. Isso é meditar; é olhar, observar sem importar o que estiver observando. A ideia é que permaneça a todo momento consciente, em estado de alerta; qualquer coisa que fizer com consciência será meditação.

Quando deixar de ser simplesmente aquele que faz e se transformar naquele que observa, poderá contemplar tudo o que acontece a seu redor. Essa é a verdadeira essência, o grande segredo da meditação. Nesse momento, você poderá fazer, então, qualquer coisa a que se propuser, pequena ou grande, sem perder seu centro.

Quando entender isso, deve começar a realizar atividades simples (caminhar, fazer a cama, escovar os dentes, vestir-se, tomar café da manhã, praticar esportes etc.) permanecendo atento para estar sempre centrado em si, sem que seu ser se altere. Você encontrará o verdadeiro sentido da vida, visto que desfrutará alegremente cada ação que realizar, sem pressa nem afã, simplesmente fluindo. Terá uma perspectiva diferente que lhe dará uma visão ampla e totalmente nítida, porque estará olhando de fora, e se transformará em um observador silencioso e tranquilo.

O que quero lhe dizer é que, independente de ter um mestre ou não, o que o levará a conhecer a si mesmo e a experimentar o prazer supremo de estar consciente, tranquilo, alerta e sereno é a prática diária da meditação. Esse é um processo que cada um deve experimentar de maneira individual; não existe um manual, nem um compêndio, nem uma fórmula mágica para fazer isso acontecer instantaneamente. Um exemplo: eu desenvolvo uma técnica espetacular para mergulhar e nadar em ondas de dez metros e em mar calmo, lhe dou uma palestra e lhe entrego um DVD com todas as ferramentas para que você aprenda. Você chega à sua casa, vê o vídeo, lê o livro, revisa suas anotações e continua fazendo isso todos os dias até que aprende perfeitamente bem.

Depois de um tempo, você já terá toda a teoria e o conhecimento na mente. Eu lhe telefono e convido para ir comigo mergulhar para que me mostre tudo o que já aprendeu. Quando entrar no mar, por mais equipamento e técnica sofisticada que tiver, se não houver experimentado e praticado como respirar, como nadar, como relaxar sua mente, como usar seu equipamento e suas ferramentas, vai se afogar. A meditação é exatamente igual a isso. É um processo, passo a passo, e, à medida que vai pesquisando, praticando e observando, novas portas se abrem e você encontra um leque de possibilidades para melhorar suas habilidades e conseguir desenvolver essa arte divina. Como diz um ditado popular, a prática leva à perfeição.

A ideia é estar sereno e alegre o tempo todo, ou seja, estar alerta sem esforço, em meio a qualquer inconveniente que surja em nosso mundo externo. Essa é a essência da meditação. Isto é, você deve entender e compreender, mais que lutar contra, as coisas externas que não pode mudar. Quando luta contra a escuridão, você não pode fazer nada, mas, se acender uma pequena vela, imediatamente a escuridão desaparecerá. Assim é a meditação; quando você apaga a luz de uma lanterna em uma noite de lua cheia não vê nada no início, mas, em poucos segundos começa a ver o que antes não conseguia enxergar.

Se, por exemplo, estiver brigando com a pessoa que ama, se sentir triste e com raiva, não se associe à sua tristeza nem à da outra pessoa. Saia e seja um observador, e não se envolva com os sentimentos. Simplesmente observe, compreenda e deixe que flua e passe. Sua consciência lhe dará a luz e as ferramentas para poder conduzir suas emoções.

A meditação lhe dá o poder de desfrutar plenamente o que tem no momento (pessoas queridas ou qualquer coisa material) e o ajuda a transcender o estado do ego, o causador de todos os seus sofrimentos (não dá importância ao que as pessoas dizem de você, não se preocupa em impressionar os outros, você se liberta do desgaste produzido por tentar ser melhor que os outros e por estar se comparando a eles, deixa de sentir rancor e angústia no coração e molda naturalmente seu caráter). Ela também lhe dá o poder de continuar desfrutando plenamente o momento, mesmo que perca, por qualquer razão, essas coisas que lhe geram bem-estar, prazer e segurança ou que elas desapareçam de sua vida.

Etapas da meditação

Para que possa se transformar em um observador, você precisa levar em conta seu corpo, sua mente e seu espírito.

A primeira coisa a fazer é observar seu corpo, pois ele é seu veículo condutor. Precisa aprender a observar sua respiração, os movimentos que diariamente realiza e os gestos que o caracterizam (como quando está escrevendo e põe a língua para fora ou aperta os lábios; ou quando está pensando e coloca o dedo indicador no queixo; ou quando está tenso e franze o cenho etc.). Tão logo observar seu corpo e sua respiração, notará que fica mais tranquilo, sereno e relaxado. Já não sentirá a maioria das coisas que lhe causavam tensão. Ou seja, precisa observar a linguagem de seu corpo. Quando está bocejando, o corpo está lhe avisando que está com fome, cansado ou precisa sair de onde está. Ao prestar atenção nesse bocejo, que era inconsciente, você o compreende e desfruta.

Se já aprendeu a ter consciência de seu corpo, comece a observar tudo o que passa por sua mente, pois lembre que nem seus piores inimigos podem lhe fazer tanto mal quanto seus próprios pensamentos.* Por sua mente correm, diariamente, uma média de 60 mil pensamentos, os quais, geralmente, são repetitivos, inconscientes e, como se não bastasse, negativos. Por essa razão, você precisa observar em silêncio que tipo de pensamentos chega à sua mente. Você perceberá, ao cabo de alguns minutos, que há um maluco dentro dela. Seus pensamentos vêm e vão sem nenhum controle e fazem de você o que querem. Arrastam-no e podem acabar com sua vida. Porque, lembre-se: onde puser sua mente, estará seu coração. Quando começar a ter consciência de seus pensamentos e observá-los de maneira natural, eles começarão a mudar, e você poderá ser mestre de sua mente e discípulo de seu

---

* Ver o capítulo "El pensamiento renovador" do livro *Volver a lo básico*.

coração. Então, conseguirá encontrar paz interior e harmonia entre seu corpo e sua mente.

Uma vez atingida a harmonia entre seu corpo e sua mente, deve começar a trabalhar seu espírito, observando suas emoções, sentimentos e atitudes. Esse processo é mais complexo e exige uma consciência mais alerta e profunda, dado que suas emoções, sentimentos e atitudes estão turvos devido ao ego. Primeiro, precisa desmascarar o ego para ver a realidade delas e ver como estão se manifestando em sua vida. Quando as puder observar serenamente, não cada uma separadamente, e sim fundidas, unidas e misturadas e funcionando em harmonia, você poderá sentir uma alegria indescritível que inunda e ilumina seu coração.

Quando observar com total consciência seu corpo, seus pensamentos, emoções, sentimentos e atitudes, estará preparado para chegar aonde poucos seres humanos chegaram: o verdadeiro despertar da consciência suprema. Isto é, quando estiver totalmente consciente de sua própria consciência, conhecerá a felicidade e o gozo total pelo simples fato de estar vivo, por estar em contemplação e apreciação permanentes. Nesse estado não há perturbação, sofrimento e dor; simplesmente, você está alerta, alegre e feliz. Sua consciência o leva a experimentar a força mais poderosa do mundo: o amor. Você entenderá que Deus é quem fala com você.

O encanto da vida está em nossa capacidade de assombro, na naturalidade, simplicidade, espontaneidade, no fluir livremente, porque tudo o que for feito com tensão, ansiedade, repressão, renúncia ou frustração gerará sofrimento. O crescimento, a evolução e a mudança são o resultado de sua auto-observação, entendimento e compreensão. Quando entender que sua felicidade não depende de seu parceiro, e sim de si mesmo, será livre. Nesse momento, aproveitará todas as oportunidades que tiver para compartilhar o tempo com seu parceiro da melhor maneira, sem censuras, sem medos, poderá evoluir e se realizar como ser humano e deixará que aquela pessoa a quem ama também tenha sua própria realização. Quando começo a desfrutar todas as coisas, estando ou não meu parceiro comigo, posso começar a dizer que estou livre de apegos, e direi, com felicidade e sem medo, essa frase em que antes parecia impossível acreditar: *Eu te amo, mas sou feliz sem você*.

Benefícios da meditação

Contribui com sua saúde

Cientificamente, está provado que a meditação tem efeitos positivos na saúde, como alívio do estresse e diminuição da pressão arterial.

As ondas cerebrais são ondas eletromagnéticas produzidas pela atividade elétrica do cérebro; mudam de frequência de acordo com a atividade nervosa, a qual está ligada aos estados mentais em que a pessoa se encontra e ao estado de sua consciência. Essas ondas podem ser medidas pelo eletrencefalograma, que é uma leitura feita por um instrumento eletrônico sensitivo. As frequências dessas ondas elétricas podem ser medidas em ciclos por segundo ou em hertz (Hz). Medindo as ondas do cérebro, podemos observar que nossos estados mentais se classificam em quatro categorias gerais: beta, alfa, teta e delta.

As *ondas beta* estão associadas à consciência ordinária e linear e ao pensamento contínuo. É o estado em que se encontra enquanto acordado, desenvolvendo suas atividades.

As *ondas alfa* são produzidas tão logo a mente se move do mundo exterior para o mundo interior, como quando você fecha seus olhos e começa a respirar profundamente.

As *ondas teta* estão associadas ao sonho e aos estados de criatividade.

As *ondas delta* são produzidas em estados de sono profundo e tranquilo.

Tão logo a frequência das ondas começa a baixar, também baixa todo o processo natural do corpo controlado pelo cérebro, como o ritmo cardíaco, a pressão sanguínea, a temperatura do corpo, o ritmo da respiração e a tensão muscular. Em muito pouco tempo, um relaxamento mais profundo será o resultado ou a resposta.

Usando um eletrencefalógrafo, comprovou-se que a atividade cerebral durante a meditação pode passar de ondas beta (atividade normal, de 30-13 Hz) a ondas alfa, quando estará em estado de relaxamento e calma (13-8 Hz). Em uma meditação mais profunda, chega-se a registrar ondas teta, alcançando estados de relaxamento profundo e estados de criatividade e resolução de problemas (8-3,5 Hz). Em meditadores muito avançados, podem ser detectadas ondas delta, quando se está em um sono muito profundo sem dormir (3,5-0,5 Hz).

A meditação, então, ajuda-o a aumentar a criatividade, a memória, a concentração para a aprendizagem e a imaginação para resolver conflitos e problemas. Adicionalmente, foram encontrados milhares de casos de cura em pessoas que incorporaram a meditação à sua vida diária.

Desperta sua sensibilidade

Torna-o mais sensível, visto que você pode experimentar o mundo não apenas por meio de seus cinco sentidos e ganha a capacidade de ser uno com o Universo. Você sente que o Universo é parte de si. Sente que as estrelas, o Sol, a Lua e a natureza, com toda sua magnífica beleza, não estão do lado de fora, e sim dentro de si, e você se funde com eles. Entende e sente que a mãe natureza o abraça, acolhe, e você se regozija em seus braços. Cada dia deixa de ser simplesmente mais um dia e se transforma em um novo despertar, cheio de luz, magia e cor, que chega com o primeiro raio de luz trazido pelo amanhecer. É desfrutar cada criatura vivente que encontramos no caminho. Você sente cada coisa que acontece como uma manifestação de Deus em seu coração. Pode chegar a ver com os olhos do coração, adquirindo uma dimensão mais ampla e cheia de alegria.

A meditação lhe dá a capacidade de se assombrar e maravilhar diante de uma gota de orvalho, com sua transparência e belas cores, uma folha seca que cai, um amanhecer, o sorriso de uma menina, o canto de um pássaro ou o sussurro de um ancião. Essa sensibilidade o ajudará a melhorar seu relacionamento com todo o entorno e sua vida se encherá de plenitude à medida que o amor cresce.

Essa sensibilidade lhe permitirá distrair a atenção posta na pessoa que lhe causava sofrimento e lhe dará o poder de se desprender dela e desfrutar as coisas belas e simples que Deus lhe dá, e que talvez não estivesse apreciando.

Ela lhe dará o poder de retirar toda a importância do apego que sente por esse ser que você julgava o mais importante, visto que dependia totalmente dele, ou pelas coisas materiais às quais se aferrou e que converteu em indispensáveis. Começará a dar uma nova dimensão à sua vida, cujo centro serão essas pequenas coisas que o levarão a desfrutar sua relação íntima consigo próprio, *a crescer no amor, compartilhando sem apego com outras pessoas.*

Verá que, à medida que começar a meditar, com sua compreensão, sairá do estado de ansiedade e inconsciência; perceberá que tudo a que estava preso era fruto de sua insensibilidade e da incapacidade de ver a vida de maneira independente. Você poderá substituir facilmente esse apego por coisas e hábitos melhores, que lhe darão tranquilidade e paz interior; as lembranças irão desaparecendo e as feridas se curando.

Você aprende a desfrutar o silêncio

Isolarmo-nos em um lugar, sem poder falar e sem nenhum tipo de entretenimento, é considerado um castigo. Nesses momentos, percebemos o silêncio como algo negativo, desagradável ou assustador, que gera um grande vazio. Crescemos tendo medo do silêncio, pois acreditamos que é a ausência de ruído.

Tome apenas alguns minutos e avalie como é sua vida e sua relação com o silêncio: você se levanta, não importa que hora seja, e liga a televisão ou o rádio; toma o café da manhã, vai fazer suas atividades diárias, volta, liga a televisão novamente ou lê um livro ou passa um tempo com seus filhos; deita-se e, no dia seguinte, recomeça o mesmo ciclo. O que você faz quando sente que não tem uma atividade ou que sua mente por um momento não está ocupada com alguma coisa? Já parou para pensar nisso? Com certeza você inventa um plano ou algo para fazer, porque nunca aprendeu a neutralizar ou a aquietar sua mente para poder desfrutar plenamente o silêncio interior. Se olhar para uma criança, verá que dentro dela há uma grande capacidade de assombro, observação, inocência e um grande silêncio; ela pode permanecer isolada de todo o mundo externo por longas horas, não importando se está chovendo ou fazendo sol. Uma criança vem ao mundo em seu estado natural de contemplação e é um meditador puro por natureza. Aproveita tudo o que acontece à sua volta e a única coisa que lhe importa é brincar e usufruir de tudo que a cerca.

Quando você aprende a desfrutar o silêncio, observa a si mesmo, conseguindo dissociar os pensamentos de tristeza e ansiedade que lhe causam tanta dor e sofrimento. *Se aprender a desfrutar o silêncio, não terá mais medo da solidão; ao contrário, ela se transformará em sua melhor amiga.*

Por meio da meditação você encontrará a forma de calar sua mente e ouvir, pela primeira vez, a verdadeira melodia que há dentro de si. Recuperará aquele espaço que um dia conheceu e desfrutou, quando era criança, e que foi invadido pelo ruído proveniente do exterior, causando perturbação, instabilidade, desassossego, angústia ou sofrimento.

Procure diariamente um momento para desligar sua mente, da mesma forma que desliga a televisão, e ouça o silêncio. Só por meio dele e de sua respiração poderá chegar a seu coração e reconquistar o que havia perdido: sua paz interior.

Quando a mente para de conversar, neutraliza-se e ouve-se a voz do silêncio. Emana naturalmente a fragrância de nosso ser, que é como o aroma das flores: você cheira, sente, mas não o pode tocar. Está ali para você, mas não o pode detectar, não pode sentir seu cheiro.

O silêncio, assim como a solidão, são seus aliados inseparáveis que o podem conduzir a uma dimensão superior, na qual o ego e o apego não podem existir.

No Tibete, quando comecei o jejum, o mestre me disse que eu precisava permanecer em silêncio durante quarenta dias e quarenta noites, e minha mente tentou bloquear por todos os meios o processo que eu queria começar. Muitos pensamentos por segundo chegavam a mim; minha mente estava totalmente alvoroçada. Não parava de disparar milhares de pensamentos e tentava me convencer de que permanecer em silêncio não era bom para mim. Obviamente, pela primeira vez, o ego sentiu a ameaça de ser desmascarado. O ego se alvoroçou pelo medo de perder o controle que exercia sobre mim e lançou pensamentos de todo tipo para que eu não ficasse em silêncio. Assim que consegui ficar por certos intervalos de tempo em silêncio, comecei a sentir uma felicidade e um êxtase indescritíveis. Não sentia fome, nem frio, nem medo, e comecei a experimentar minha vida de uma maneira mais intensa, com mais paixão e alegria.

Aprendi que com o silêncio você pode se observar e perceber a quantidade de ideias e de falsas ilusões que nutre com angústia e medo, frutos de sua mente que o encurralam.

Você também poderá perceber que se apega a coisas e a pessoas às quais não deveria, simplesmente por medo de ficar sozinho. O silêncio lhe dá a grande oportunidade de estar alerta e consciente, desenvolvendo a paciência, a tolerância e a compaixão infinitas, não só para consigo, mas para com tudo que o cerca. Se por meio do silêncio entrar em contato com a natureza, você poderá desfrutar da companhia dos pássaros, das árvores, da Lua, das estrelas, vendo com consciência e desfrutando plenamente a alegria e a felicidade que dela surgem. Quando você observa as coisas à sua volta e fica totalmente consciente delas, ocorre um momento que para mim é mágico, no qual pode ver que, pouco a pouco, as palavras, os conceitos e as ideias desaparecem, e você entra em contato com a realidade e nada nem ninguém pode perturbá-lo.

Proponho que durante um dia você faça silêncio total, de preferência em companhia da natureza. Não falará com ninguém; apenas verá e ouvirá, mas sem dizer uma só palavra. Não ligará o rádio nem a televisão, nem lerá; não se distrairá com nada. Apenas observará seus pensamentos. Cada vez que um desses pensamentos lhe causar angústia, você o observará, olhará para ele, não se associará a ele e perceberá como esse pensamento irá desaparecer.

Você recupera a verdadeira essência

Por meio da meditação, você pode experimentar profundamente o amor em seu coração. Torna-se mais compassivo, tolerante e flui livremente sem levar em conta a situação que está vivendo. O amor que emana de seu coração é muito diferente do falso amor que nasce de sua mente e que lhe causa tanta dependência e sofrimento.

A maioria das pessoas passa a vida toda procurando o amor ideal e não o encontra ou finge viver cercada pelo suposto amor e se desgasta e sofre ao tentar mantê-lo vivo. Procuram transformar, de qualquer maneira, esse amor em algo eterno. Esse amor nasceu da mente. Como você pode transformar esse amor em algo eterno se o manufaturou e criou no tempo e no espaço de sua mente? Tudo que é criado por sua mente é superficial, variável e finito; não tem vida própria. A mente tem o poder de criar o amor falso, do qual nasce o apego afetivo. O que as pessoas não entendem é que jamais encontrarão o amor ideal, o amor verdadeiro e eterno que tanto desejam, em um ser humano nem em nenhuma coisa material. A única forma de experimentar o amor eterno e verdadeiro é conectando-se, por meio da meditação, ao centro de seu ser, que para mim é Deus. O amor emana da meditação, e esse amor que você sentirá é um amor eterno, um amor diferente de tudo que já sentiu na vida.

Se conseguir encontrar esse amor com o qual veio originalmente a este mundo e no qual se regozijava quando era pequeno, seu relacionamento com o entorno mudará drasticamente, e, a partir desse momento, o relacionamento com as pessoas queridas e seu parceiro será muito mais amoroso e totalmente diferente, livre, incondicional e espontâneo. Esse amor não pode ser controlado, nem manipulado, nem ser dirigido a alguém em especial; você simplesmente está no amor puro, em sua consciência. Este é o amor de que falam todos nossos mestres através da história, incluindo Jesus.

Quando descobre esse amor verdadeiro, o apego afetivo que lhe causava sofrimento, angústia e ciúmes, e que você confundia com o amor, desaparecerá como em um passe de mágica, visto que não terá lugar em seu coração. O amor que emana de seu coração é muito diferente do medo criado por sua mente.

Finalmente, você poderá ser livre

Quando algo que lhe dá muito prazer desaparece há um grande sofrimento. Sentindo prazer graças a outro ser humano, você jamais poderá ser livre, dado que sempre vai querer possuí-lo; então, isso que você chama de felicidade nunca poderá lhe dar liberdade, ao contrário, ela o aprisionará.

Quando seu relacionamento se baseia no condicionamento, na manipulação, na busca de aprovação ou reconhecimento, não é saudável nem pode gerar paz interior, porque sua suposta felicidade depende de outra pessoa. Depender de outra pessoa jamais poderá lhe dar liberdade e tranquilidade, visto que, ao se separar dela, sentirá somente um grande vazio. Começará a se sentir completo só quando estiver com essa pessoa. Viverá momentos em que se sentirá pleno e momentos em que se sentirá vazio. Então, chegará a hora em que se perguntará se existe alguma maneira de nunca se sentir sozinho, e, assim, nunca sofrer.

Só com a meditação terá a oportunidade de se libertar das correntes que não o deixam desfrutar realmente a vida e que geram uma grande dependência emocional.

Você desfruta naturalmente sua solidão

A meditação lhe dá o poder de desfrutar plenamente o estar sozinho. Nesse momento, não dependerá de nada nem de ninguém de fora. Nesse processo, você não poderá levar ninguém para acompanhá-lo; é um processo individual, um silencioso e maravilhoso encontro com esse espaço sagrado e vazio que está dentro de você. É um encontro real com seu próprio ser, onde você encontrará a luz de Deus resplandecente em seu coração.

Na primeira vez que realizar essa viagem interna e se encontrar cara a cara com sua solidão e seu silêncio absoluto, você se sentirá tão espantado que não entenderá se o que está sentindo é realidade ou fantasia. Só posso lhe assegurar que, depois de entrar em contato com essa solidão, sua vida mudará drasticamente, porque você descobrirá que, tão logo descer e explorar seu interior, todos os laços, correntes e conexões que existem com seu mundo exterior se romperão, e assim, quando retornar a ele e vir a solidão causada pela ausência de uma pessoa querida, já não se perturbará e a verá de forma diferente, sem que lhe cause dependência. Portanto, o medo e a angústia de ficar sozinho desaparecerão. Nesse momento, você entenderá que nasceu sozinho, morrerá sozinho e transcenderá sozinho.

É como se, em uma cirurgia, tirassem seu coração e o conectassem a diversas máquinas para mantê-lo vivo. O coração está fora de você, e embora não se encha com o que as máquinas estão lhe dando, ele se mantém pulsando, e, quando retornar a seu corpo, que é seu espaço original, seu ambiente natural, encontrará a total plenitude e pulsará com todas as suas forças.

Você entenderá que as pessoas queridas estão a seu lado por tempo limitado, tempo sobre o qual você não tem controle, por mais que queira. A solidão o faz entender que você não pode guardar nem poupar o tempo para um futuro próximo e que deve tentar desfrutar e aproveitar plenamente o tempo que tem para compartilhar com as pessoas queridas.

Você verá de maneira nítida e transparente

Quando você não tem controle sobre sua mente, ela o escraviza e o faz sofrer. Ela é hábil, destra, mas carece de consciência. É como se você entregasse o controle de sua vida a um piloto automático. A mente carece de originalidade, criatividade e imaginação; simplesmente, está sempre repetindo e afirmando os mesmos pensamentos que o fazem viver uma vida rotineira, sem nenhum tipo de incentivo, inovação ou mudança.

Quando você vive sua vida de forma inconsciente, no condicionamento em que fomos criados, fica abobado, não é inteligente, não acredita em si mesmo, não vive para si mesmo, vive para os outros e, diante dos problemas, reage de acordo com soluções pre-estabelecidas, que aplica como se fosse um computador. Quando, por meio da meditação, destrói todo o condicionamento e a programação com a qual seus pais e a sociedade o educaram, você pode ver com nitidez e, em vez de reagir, agir com consciência, de acordo com as diversas situações. Suas soluções não mais provirão dos outros, mas emanarão do centro de seu ser, que lhe dá uma visão geral, individual e autêntica.

A mente é muito ciumenta, gosta da aprovação e do elogio de seu parceiro; quando sente que está perdendo o controle, chantageia o outro, seja fazendo papel de vítima ou de carrasco, para que essa pessoa se sinta culpada ou insensível. Com a meditação, você pode refletir, avaliar e observar se realmente está aborrecido com seu parceiro. Se assim for, significa que a mente está aprontando, que o está enganando, e você está reagindo e agindo de maneira incorreta. Precisa olhar através do aborrecimento; não analisar o porquê dele, nem o que o causou, visto que a mente começaria a pensar. Simplesmente observe-o e verá que, assim como chega, ele vai. Deixe-o fluir e não lhe dê importância.

Você sentirá gratidão e alegria transbordante

A mente se concentra em ter e vai procurar as coisas ruins que lhe aconteceram, sem apreciar nem agradecer as coisas boas que a vida lhe dá, porque sempre quer possuir mais e se compara constantemente aos outros. A forma negativa de pensar e de ter sempre na cabeça o que não se possui leva a mente a vibrar em frequências muito baixas ou em estados de consciência inferiores, onde reina a tristeza, a culpa, a ansiedade e a depressão. Por outro lado, a alegria criada por sua mente e experimentada por meio de seus sentidos é passageira, visto que sempre depende de um fator externo e em algum momento desaparecerá.

A meditação o leva a apreciar a vida sob uma perspectiva de abundância, apreciação e gratidão por tudo o que tem, e deixa que tudo, absolutamente tudo, flua e siga seu curso. Você começa a desfrutar plenamente, com alegria, seus talentos, dons e qualidades. Essa alegria é transbordante, emana do centro de seu ser, manifesta-se sem uma razão específica, é permanente e não precisa de nada nem ninguém para que seja experimentada, nem mesmo daquele ser humano de quem você julgava precisar para estar alegre. Essa alegria não pode ser apagada; aconteça o que acontecer, sempre estará ali, não importa em que circunstâncias você se encontre; pode até estar em seu leito de morte, que essa alegria continuará acompanhando-o. Essa alegria é libertadora, transformadora e lhe dá independência afetiva.

Se você nunca meditou, jamais poderá entender essa alegria à qual estou me referindo e, por mais que use sua lógica e seu raciocínio, não a entenderá, pois está além dos limites de sua mente.

Você compartilhará amorosamente

A meditação o leva a um estado tão elevado de consciência que você encontra, no fundo de seu coração, o amor que se funde com a alegria transbordante que emana de seu ser e que faz com que de fato seu espírito o leve a *compartilhar amorosamente*, fazendo com que transcenda, deixe marcas e entenda o verdadeiro sentido de sua vida. Entenderá que o amor não é simplesmente um apego, um desejo, uma necessidade, um prazer, visto que todos provêm das mesmas fontes: corpo e mente. Porém, o ato de compartilhar amorosamente emana de seu espírito. Por isso, o ato de compartilhar amorosamente é a fonte inesgotável do amor, dado que, quanto mais se dá, mais gozo, alegria e felicidade se experimenta. Dar sem esperar nada em troca* é o alimento do espírito. Se você está dando para receber, não está dando, está emprestando, e novamente cairá, inconscientemente, na armadilha mortal de sua mente, que sempre está tentando acorrentar seu espírito.

O caminho da meditação

A meditação é algo delicioso e divertido. É algo que está além da mente, e somente ao tomá-la como algo divertido você poderá acelerar seu processo. Não a encare como uma meta à qual deve chegar, porque, quanto mais tentar

* No livro *Volver a lo básico*, o autor desenvolve esse aspecto no capítulo "Dar sin esperar recibir".

alcançá-la, mais ela se afastará de você. Deixe que flua, aproveite os momentos, encare-a como um jogo.

Você precisa ter em conta que na meditação, assim como em todas as artes, deve buscar um sutil e delicado equilíbrio entre a atenção e o relaxamento. Deve permanecer alerta, totalmente alerta, mas relaxado, tão relaxado que nem sequer deve pensar na ideia de relaxamento. Esse é o ponto essencial para a visão durante a meditação.

Quando começa a meditar, você sente que seus pensamentos se tornam mais repetitivos, mais fortes e mais impactantes. Nesse momento, deve se acalmar, visto que, ao contrário do que acredita, você estará mais sereno e mais tranquilo, pois terá mais consciência e entenderá quão buliçosos e barulhentos seus pensamentos sempre foram. Antes, tinha os mesmos pensamentos, mas, como eram inconscientes, simplesmente não se dava conta de sua existência. Quando isso ocorrer, não desanime nem se desalente, e, aconteça o que acontecer, continue presente, continue observando sua respiração, mesmo no meio de toda a confusão que aparentemente julga sentir. Você verá que esse tornado que confunde sua mente vai perdendo força até se transformar em um ar fresco e tranquilo.

Quando você começa a olhar seus pensamentos, vê que entre o pensamento que já passou e o pensamento futuro há um espaço, um intervalo. Procure prolongar esse espaço para que seus pensamentos sejam mais lentos. Se adquirir o hábito de observá-los e não se associar a eles, o espaço entre esses pensamentos aumentará. É nisso – tão simples – que consiste a arte da meditação, a maravilhosa arte de ser consciente, de estar desperto, alegre, brincalhão, relaxado e tranquilo.

A meditação o leva a experimentar o mundo de uma posição mais alta e com uma visão mais nítida, conseguindo levá-lo de volta à sua consciência quando cair na inconsciência; ao mesmo tempo, deixa-o desfrutar plenamente tanto os momentos de consciência quanto os de inconsciência.

A prática da meditação

Para começar a meditar, existem várias opções. Você pode fazê-lo com um ou vários mestres que o guiem e lhe deem as ferramentas essenciais e depois escolher como modificar ou adaptar essas técnicas para fazer sua própria meditação, visto que cada ser humano é um universo diferente que age e reage, dependendo de seu sistema de crenças, ou começar seu caminho de pesquisa, adquirir o conhecimento, experimentá-lo e processá-lo e, individualmente, seguir o caminho rumo a seu interior.

Independente de ter ou não um mestre, o que o levará a conhecer a si mesmo e a experimentar o prazer supremo de estar consciente, tranquilo, alerta e sereno é a prática diária, mesmo que comece com apenas poucos minutos ao amanhecer. Esse é um processo que cada um deve experimentar de maneira individual; não existe um manual, nem um compêndio, nem uma fórmula mágica para fazer isso acontecer instantaneamente.

O mais importante é que, aconteça o que acontecer, não deve suspender o caminho iniciado. Através da vida, você encontrará falsos mestres, fanáticos de religiões ou seitas que o tentarão levar, por todos os meios, a ver o mundo só como eles o veem, para que os siga ou siga sua doutrina, e vão fazê-lo acreditar que, se sair dali, sairá do caminho correto. *Nesse caminho da meditação, não é preciso adorar, venerar ou prestar homenagem a nenhum ser humano.* Simplesmente, de cada guru, mestre, livro ou técnica que aprender, o importante é que tire o melhor para aplicá-lo em sua própria meditação diária e alcançar o equilíbrio entre corpo, mente e espírito.

Se a técnica que estiver desenvolvendo para meditar fizer com que se sinta mal, sinta estresse, angústia ou ansiedade, significa que não é a adequada para você; talvez seja para outra pessoa. Por isso, você não pode julgar *a priori* e criticar uma quantidade de ensinamentos ancestrais e modernos pelo simples fato de não darem resultado para você rapidamente.

Quando começar uma meditação, precisa se dar tempo e espaço suficientes para experimentá-la, processá-la, digeri-la e avaliá-la. Se depois de quarenta dias trabalhando diariamente com essa meditação não se sentir confortável, procure e implemente outra técnica ou busque outro mestre que o possa guiar. O espetacular caminho rumo ao interior de seu ser é um caminho cheio de surpresas e de experiências. Terá experiências agradáveis e desagradáveis, mas não importa como sejam. A única coisa importante é que desfrute plenamente cada passo, sem afã, sem tensão, sem julgamento nem expectativa. Simplesmente, tem que *ser* consciente.

Entre tantas coisas que vi acerca desse tema, há dois obstáculos muito grandes que podem atrapalhar seu caminho. Um deles é o ego, que, em seu afã de chegar rapidamente a uma meta e querer ter e possuir, não lhe permitirá desfrutar e estar tranquilo e alegre; por outro lado, sua mente criará todo tipo de armadilhas no caminho, para que você caia novamente na inconsciência. A meditação desenvolve sua intuição e seu sexto sentido, que serão os aliados que o acompanharão e guiarão permanentemente quando o ego e a mente tentarem confundi-lo e fazê-lo voltar ou sair do caminho.

Há pessoas que praticam a meditação estritamente como se fosse uma tábua de salvação e, quando conseguem sair da dor, do pesar, da depressão ou do sofrimento, simplesmente a abandonam e não tornam a praticá-la, e então retornam ao mundo da inconsciência. É importante entender que a meditação deve fazer parte de seu estilo de vida, dado que tem a mesma importância de comer, beber, respirar e dormir.

Em minhas viagens ao Oriente, tive a oportunidade de conhecer centenas de pessoas que, depois de sofrer uma desilusão amorosa ou uma perda material, tentavam fugir de sua fonte de apego refugiando-se em um mosteiro, isolados do barulho, do bulício, da gente e da vida. Enquanto permaneciam ali, essas pessoas acreditavam ter conseguido a paz interior e a tranquilidade, mas, tão logo regressavam a seus locais de origem e entravam em contato com esse ser do qual julgavam haver se desprendido e libertado, ou com a realidade da qual haviam fugido, recaíam na inconsciência e percebiam que a única coisa que haviam feito era se enganar, porque haviam caído na armadilha fantasiosa da mente e não conseguiram transcender o estado de inconsciência do ego. Você não precisa ir para o Oriente, nem para nenhum lugar isolado do mundo, para libertar-se de seus apegos, pois aquilo que o acorrenta, amarra e faz sofrer sempre irá com você. Está em sua mente e sempre estará unido a seu corpo.

> *Isso me recorda a história de um discípulo que perguntou a seu mestre: "Como não me perturbar e não sofrer com tanta violência e barulho que há na praça do mercado do povoado quando vou comprar os víveres do mosteiro?". O mestre lhe respondeu: "Por que se preocupa com isso se seu lar é aqui?". O discípulo respondeu: "Quero que todos os homens conheçam a paz". O mestre lhe respondeu novamente: "Está escrito no Tao Te Ching: 'Sob o céu, todos podem ver a beleza como*

beleza só porque há fealdade. Todos podem conhecer o bem como bem só porque há maldade. Portanto, ter e não ter nascem juntos. O difícil e o fácil se complementam. O alto e o baixo se apoiam entre si. A parte da frente e a de trás seguem-se mutuamente'". O discípulo disse: "Mas, mestre, não queremos que todos conheçam nossa paz, nossa felicidade?". O mestre respondeu: "Você faria do mundo todo um templo? Seja como o Sol, e o que estiver dentro de você aquecerá a Terra. Você tem que buscar dentro de si. Está escrito: transforme o barro em uma vasilha. É o espaço de dentro o que lhe dá valor. Ponha portas e janelas em uma casa; é abri-las que deixa entrar a luz. Ponha raios em uma roda; é o vão do meio que as torna úteis. Portanto, seja o espaço no centro, não seja nada, e terá tudo para dar aos outros".

Existem incontáveis técnicas, formas e maneiras de meditar. Desde meditações estáticas até meditações absolutamente dinâmicas. Estas são o fruto de centenas de buscadores espirituais ao tentarem dar um sentido a suas vidas e atingir a tão ansiada paz interior. Cada uma dessas meditações pode lhe servir, e só por meio de sua experimentação você saberá qual é a adequada.

Tenha em conta que, antes de começar a experimentar qualquer técnica, precisa entendê-la bem, porque, por mais simples que seja, uma técnica dessas vai remexer em você todas as suas emoções e sentimentos, e, se não souber observá-los, podem causar-lhe inconvenientes.

Quando começar a meditar, serão necessários seu esforço e sua atenção, mas, quando chegar à meta, seu esforço espontaneamente desaparecerá e tudo se tornará simples, natural e fácil; não mais precisará de seu esforço, não mais terá que fazer nada, porque tudo começará a fluir. É tão simples quanto se sentar e não fazer nada.

Vou lhe dar uma série de conselhos úteis e três técnicas, caso decida incorporar a meditação em sua vida diária. Essas técnicas são as mais simples; com elas, você pode iniciar seu caminho rumo ao interior. Escolha uma delas e pratique-a durante quarenta dias. Caso se sinta confortável, continue praticando-a por mais alguns meses. Quando encontrar a técnica adequada para si, imediatamente vai sentir uma conexão inexplicável com ela e, quando perceber isso, não abandone essa técnica; insista nela durante muito tempo.

Se não se sentir confortável com nenhuma das técnicas, você pode começar a pesquisar. Existem gurus, mestres e livros que o podem guiar. Com toda certeza, quando iniciar seu caminho, você encontrará milhares de maneiras de percorrê-lo. Depende de você o quanto vai se aprofundar e até onde vai querer chegar.

Eu estou há mais de 35 anos nesse caminho, e ainda continuo pesquisando, percorrendo, aprendendo e desfrutando. O mais importante é que, quando der o primeiro passo, não volte atrás, por mais frustrado que possa se sentir no início. A meditação deve ser algo que o acompanhe pelo resto da vida. Seu compromisso, a partir do exato instante em que começar, é reservar, no mínimo, uma hora diária para você, seja de manhã ou à noite. Isso deve se tornar parte de sua rotina diária.

Por mais triste ou angustiado que se encontre nesse momento, recomendo-lhe que pare um pouco e experimente uma das técnicas que apresento a seguir. Você deve se tranquilizar e acreditar que há uma luz no final do túnel, mas esse caminho rumo à iluminação você deve percorrer sozinho.

***Primeira técnica**: Abrindo as portas de seu coração*

Ainda lembro que, ao subir naquele pinheiro silvestre, no bosque de meu colégio, e acomodar-me naquele galho em forma de Y, chegava agitado. Eu me recostava calmamente e punha as mãos sobre meu ventre e começava a inspirar profundamente, pois gostava muito do cheiro do bosque, e em especial do pinheiro. Ficava ali recostado horas inteiras, esperando que o castigo que meu professor me impunha acabasse, e observava minhas mãos subindo e descendo ao ritmo de minha respiração. Ainda recordo esses momentos vividamente, e me enchem de paz e tranquilidade.

Para minha surpresa, depois de muitos anos meditando, um de meus mestres no Oriente me deu uma das técnicas mais poderosas que ele tinha. Lembro que me levou a um local na natureza e disse que me recostasse até me sentir totalmente confortável. Quando comecei a realizar essa meditação, imediatamente voltei a meu pinheiro silvestre no colégio. Eu não podia acreditar no que esse mestre estava me ensinando. Essa técnica era a mesma que eu utilizara instintivamente quando tinha apenas nove anos e que me acompanhara durante grande parte de minha vida.

Quero compartilhar com vocês essa meditação que utilizei e complementei no decorrer de toda minha vida. Tem dado, a mim e a muitos seres humanos, resultados espetaculares.

A chave é entrar com a mente totalmente aberta, sem expectativas, sem esperar nada. Essa foi, para mim, a técnica matriz, à qual fui adicionando outras meditações e outras técnicas, que nunca vai se chocar com nenhuma outra, visto que sua raiz é a respiração, a base de toda meditação.

Duração: 45 minutos.

Procure um lugar confortável, preferencialmente em meio à natureza, onde vai se recostar calmamente. Encontre uma posição na qual possa apoiar os cotovelos no chão e entrelaçar as mãos, colocando-as em cima de seu ventre, à altura do umbigo. Quando se sentir completamente confortável, feche os olhos.

O mais importante é observar e tomar consciência cada vez que respirar. Você vai realizar uma respiração centrada no ventre, não no peito, de tal maneira que, quando o ar que inspirar pelo nariz entrar em seu ventre, este começará a se expandir, e, quando expirar pelo nariz, seu ventre tornará a se contrair. Tome consciência de como suas mãos sobem e descem à medida que você inspira e expira. Deve estar consciente de seu ventre subindo e descendo. À medida que observa sua respiração, muitos pensamentos, emoções, sentimentos, sensações ou ruídos do exterior vão surgir. Quando isso acontecer, observe--os, não se associe nem se perturbe, nem tente solucionar o que sua mente está lhe enviando. Apenas deixe que flua e torne novamente a observar conscientemente sua respiração. Isso vai acontecer repetidamente durante toda a meditação. Não se preocupe e não tente se concentrar nem lutar contra esses pensamentos, porque você se debilitará e ficará mais tenso. Simplesmente continue observando, alerta e consciente.

À medida que for praticando essa meditação, sua mente vai se acalmando e silenciando. Seus sentimentos e emoções vão se aquietando e seu coração começará a bater alegre e contente. O ego e o apego começarão a desaparecer. Apenas espere em silêncio, abrindo as portas de seu coração para esse grande momento de paz, luz e felicidade que chegará no instante em que menos imaginar.

Segunda técnica: *Paz e amor transbordante em seu coração*

Muitas vezes, os pensamentos que passam por sua mente são tão intensos e repetitivos que, enquanto você está meditando, não existe um único instante de silêncio entre um pensamento e outro. Sua mente é completamente buliçosa e você sente que não a pode calar nem sequer por alguns segundos. Nesse momento, recomendo que pratique uma técnica antiga, simples e eficiente, que é a meditação contemplativa.

Essa meditação pode durar entre vinte e quarenta minutos, dependendo do tempo de que dispuser. Desligue-se de qualquer tensão; você não deve ter nada pendente a realizar durante esse tempo. Se quiser, pode programar um alarme musical suave que indique que o tempo que planejou para a meditação acabou, pois, assim, você vai ficar totalmente relaxado e não vai pensar que está ficando tarde.

A primeira coisa que você tem que fazer é procurar um local confortável, de preferência em contato com a natureza. Caso que não possa ir à natureza, pode fazê-lo em seu quarto, mas precisa evitar todas as coisas que o possam distrair, como o telefone, a campainha ou as pessoas que o possam interromper. Encontre uma posição confortável e natural para você, seja sentado ou recostado. Nessa posição que escolher, não deve ficar tenso nem sentir desconforto em nenhuma parte do corpo. A única coisa importante é que mantenha as costas retas. Pode colocar uma música de fundo muito suave e lenta que lhe agrade e o faça se sentir bem.

Quando encontrar a posição adequada, feche os olhos e procure em sua mente e em lembranças um lugar, preferencialmente natural, onde já esteve e onde se sentiu tranquilo, alegre ou relaxado. Traga essa imagem mental até a fronte, entre suas sobrancelhas, e comece a contemplar e observar atentamente as diversas imagens visuais desse lugar. Enquanto vai inspirando e expirando lentamente, contemple as cores, a luz, a paisagem, as formas, os tamanhos e as sombras.

A seguir, procure perceber o cheiro que havia nesse lugar; sinta o cheiro do ar, da grama, das flores, das plantas, da terra etc. Continue inspirando e expirando e procure lembrar que tipos de sons havia. Sons como o canto dos pássaros, a chuva, o vento, a água correndo, dos animais, do ambiente etc. Com as mãos, procure imaginar que está tocando as diferentes texturas que havia nesse lugar. Você pode sentir a aspereza, a suavidade, o calor, o frio, a umidade do lugar que está apreciando. Procure ver cada vez mais e mais detalhes desse lugar. Transforme-se em um observador consciente e alerta a cada detalhe novo que vai aparecendo. Experimente a paz e a tranquilidade que havia naquele lugar nesse momento.

Haverá momentos em sua meditação em que sua mente se dispersará e o tirará de seu estado de contemplação; tentará bombardeá-lo com pensamentos distrativos, os quais você poderá observar, deixar passar e voltar para onde estava. Não se associe a eles; deixe que passem e volte ao ponto em que estava. Chegará um momento em que sua mente finalmente se soltará e relaxará, e nesse momento mágico, espontaneamente, você poderá experimentar a paz interior que emana naturalmente desse estado superior de consciência, e o verdadeiro amor brotará de seu coração.

Não desanime se não atingir seu objetivo nas primeiras meditações. Se prosseguir com perseverança, constância e dedicação, em pouco tempo verá que o espaço entre um pensamento distrativo e outro começará a ser maior. Pouco a pouco, você irá fluindo naturalmente em sua essência pura, que é o estado de consciência em que o verdadeiro amor reina. Se não resistir, essa corrente o levará a um estado de bem-estar e paz interior total para que, depois da meditação, você possa viver seu dia intensamente, levando toda essa energia em seu coração.

Terceira técnica: *Meditação dinâmica*

Existem pessoas que preferem a atividade e que possivelmente têm muita dificuldade para ficar quietas no mesmo lugar por tempos prolongados. Por essa razão, considero que esta meditação pode ser própria para todas aquelas pessoas que, tendo praticado meditações estáticas, não obtiveram resultados ou para as pessoas que definitivamente preferem fazer uma meditação que envolva o movimento do corpo.

Essa meditação pode durar entre vinte e trinta minutos. Escolha roupa e sapatos de fazer exercício (também pode realizá-la descalço). Procure um lugar preferencialmente cercado de natureza e que tenha espaço aberto. Se não conseguir, você pode fazê-la em um aposento amplo ou em qualquer lugar que tenha espaço suficiente.

Esta meditação consiste em caminhar de maneira lenta e ficar alerta e totalmente consciente de todas as suas ações no âmbito do corpo, da mente e do coração. Ao caminhar, esteja consciente de sua respiração, observe, com plena consciência, como seu pé recebe a ordem mental para se levantar e começar a caminhar e concentre-se no momento em que seus pés tocam o solo. Enquanto estiver fazendo isso, pensamentos, emoções e sentimentos variados chegarão à sua mente; não lute contra eles; preste atenção, observe-os, seja uma testemunha silenciosa; não se associe a eles, e novamente concentre toda sua atenção em seus pés. Esta meditação não é uma focalização nem uma concentração profunda. É simplesmente um processo de observação permanente daquilo que realmente tem importância e significado. É o processo natural de observar e contemplar o que está acontecendo a seu redor, não o que você está observando.

O serviço como terapia

Ao incluir a visualização criativa e a meditação em sua vida, você está dando um passo gigantesco nessa busca da verdadeira paz interior. *Adicionalmente à meditação, deve incluir em sua vida diária o serviço amoroso* sem esperar receber nada em troca, pois isso potencializará todo seu trabalho interior e dará um sentido real à sua vida. Essa é a ferramenta mais silenciosa, mas mais poderosa, e a que nutre e fortalece todo o processo de desprendimento e libertação, pois, quando você serve, seu espírito se regozija, vibra de emoção e deixa marcas em seu coração e no dos outros.

Quando você dá a mão a um ser humano indefeso, que precisa de sua ajuda, em seu cérebro gera-se uma reação química que libera serotonina. Isso quer dizer que, por meio do serviço, a velocidade de propagação da onda cerebral aumenta de frequência e intensidade, fazendo com que a energia cresça e, por conseguinte, a depressão diminua.

Ao terminar um ciclo de palestras em que compartilhamos com pais, mestres e filhos, veio a mim um homem e perguntou-me se poderia ir com sua família e seus guarda-costas – visto que temia por sua segurança pessoal – à jornada da campanha *Brochazos de amor* [Pinceladas de amor], que íamos realizar no fim de semana seguinte em Jamundí. Eu lhe disse que me parecia interessante que comparecessem, mas que os guarda-costas, em vez de levar metralhadoras e pistolas, levassem, como todos os outros participantes, pincéis, rolos e tinta, para que também pintassem os barracos do bairro e compartilhassem com as famílias. Chegou o dia esperado, e, ao acaso, distribuímos as casas que seriam pintadas. A dona do barraco de papelão e lata que coube a ele e à sua família, em um gesto de agradecimento pelo que estavam fazendo em sua casa, pegou fiado em uma loja dez cervejas para repartir. O filho de quinze anos desse homem tomou toda a cerveja em um gole, porque estava com muita sede e fazia calor. Seu pai, estranhando e assombrado por ver que o garoto havia tomado essa cerveja sem permissão, disse: "Você tem apenas quinze anos; não devia ter tomado essa cerveja, pois pode se embebedar e perder o controle". Nessa tarde, pintaram a casa e compartilharam momentos felizes com a velhinha dona da casa e com seus netos.

Ao fim do dia, de volta ao local onde havíamos deixado os carros, o filho disse a seu pai e sua mãe que queria falar com eles em particular. Seu pai, muito sorridente, disse-me: "É que ele está 'alegre' porque tomou uma cerveja num gole só". Eles ficaram conversando, e eu segui caminhando com o resto do grupo. Minutos depois retornaram seus pais, com os rostos transfigurados e chorando. Com a voz entrecortada, o pai me disse: "*Papá* Jaime, eu não sou chorão, mas o que meu filho acaba de me contar cortou meu coração". Eu perguntei: "O que aconteceu?". E ele respondeu: "Meu filho disse: 'Papai, você estava muito preocupado e fez um escândalo porque tomei uma cerveja. Quero lhe dizer algo que talvez nunca teria lhe contado se não houvéssemos vindo aqui. Há dois anos, meu melhor amigo roubou minha namorada, a quem eu amava loucamente, e todos os meus amigos debocharam de mim. Para fugir da tristeza e da depressão, conheci o mundo do vício, do álcool e das drogas. Até tentei me suicidar. Até o dia de hoje, eu não havia encontrado sentido para minha vida e nada nem ninguém me fizera sentir essa sensação de plenitude. Sinto que o vazio que carreguei dentro de mim durante esses dois anos foi preenchido por toda a alegria que senti ao ajudar essas pessoas. Papai, eu estava adormecido, e hoje despertei. Só pensava no álcool, nas drogas e em navegar pela internet. Decidi que, a partir de hoje, jamais tornarei a cair nas garras do vício. Obrigado por ter me trazido aqui, porque vi que há gente que vive melhor que nós, apesar da extrema pobreza'".

O serviço, além de ser uma ferramenta espiritual que o faz evoluir, transcender e deixar marcas, *tem um grande poder terapêutico e curador*, dado que não só ajuda a quem o recebe como também a quem o outorga. Está cientificamente comprovado que as pessoas que servem aos outros sem esperar receber nada em troca são muito mais felizes que as que não o fazem.

Essa é a razão pela qual, dentro de seu plano de ação, eu proponho que realize um ato de amor diário. O que é um ato de amor diário? É dar o melhor de si no momento em que surge a oportunidade, sem esperar o reconhecimento nem a aprovação das pessoas a seu redor. Você pode usar toda sua imaginação e criatividade para realizar esses atos de amor, que podem ser tão simples quanto compartilhar um chocolate e um pão com quem tem fome ou dar uma palavra reconfortante a quem está sofrendo até atos de grande compromisso e nobreza, nos quais, arriscando tudo, dá o melhor de seu coração. Provavelmente ninguém o conhece nesse mundo, mas, para esse ser humano a quem você dá seu amor e ajuda, você é o mundo. No momento em que age e compartilha amorosamente, não apenas causa impacto no mundo dos outros, mas também, instantaneamente, seu mundo se eleva a uma dimensão mais alta, em que você encontrará o verdadeiro sentido da vida e em que seu espírito se regozijará na felicidade total.

CAPÍTULO 7

Celebre a vida

Você não pode evitar que a tristeza e o medo voem à sua volta, mas pode evitar que construam com seus cabelos um ninho em sua cabeça

As ferramentas que lhe dei não servirão de nada se você apenas se limitar a planejar, calcular e avaliar como vai aplicá-las em sua vida, pois *um propósito sem ação é simplesmente uma ilusão.* Muitas pessoas, diante dos problemas, tornam-se vítimas da paralisia e desperdiçam horas, dias e anos analisando o momento adequado para escolher agir e dar o passo decisivo. Enquanto fazem essa análise, a vida continua, e elas desperdiçam momentos valiosos, pois ficam esperando a hora adequada para agir.

Para poder iniciar esse novo caminho, você precisa levar pouca bagagem; solte o que tanto lhe pesa. O que torna mais pesada sua bagagem é continuar vivendo no passado e manter viva a esperança de que tudo poderá tornar a ser como antes; realmente, a única coisa que o paralisa e que não o deixa agir é o medo, especialmente da solidão, do fracasso e de nunca voltar a amar ninguém ou de não encontrar quem o ame.

Tudo o que você viveu até hoje é parte de seu passado, e esse passado não voltará. Por isso, não veja o que viveu até hoje como um problema ou uma desgraça, mas, sim, como um obstáculo que Deus lhe mandou para que evolua e aprenda. Apenas aceite com humildade e compreenda que a única coisa que você pode mudar é o que está dentro de si. Não desperdice seu tempo buscando respostas para o que aconteceu. Olhe para cima e *procure o "para quê" dessas experiências*, pois elas lhe darão sabedoria para não tornar a cair na inconsciência.

Quando tem consciência plena de tudo o que está acontecendo dentro de você e decide se arriscar a empreender ações concretas, apesar da dor que sentiu porque as coisas não aconteceram como esperava, poderá realmente se desprender e libertar do medo que o paralisa, que o faz hesitar e não o deixa agir.

Devemos parar de viver agarrados e cheios de medo de perder o suposto conforto e segurança, porque a verdade é que não há nada seguro nesta vida. A única coisa que levará consigo ao morrer será o amor e o que houver feito pelos outros, e é isso que o imortalizará, pois todas as coisas ficarão aqui.

A evolução que você conseguiu em sua consciência lhe permitirá chegar a um estado superior, no qual poderá celebrar permanentemente, apreciando cada instante ou cada ocasião que a vida lhe dá.

A vida em si é algo maravilhoso; é a manifestação máxima da existência de Deus e do amor. A arte de viver plenamente consiste em desfrutar as pequenas e simples coisas que Deus e a vida nos dão a cada instante, pois, vivendo no presente, temos a oportunidade de apreciar, desfrutar e celebrar intensamente a vida.

Se hoje escolher conscientemente e tiver a coragem de tomar a firme decisão de mudar, poderá abrir suas asas e voar tão alto que o céu se tornará pequeno para você.

> *Em certa ocasião, quatro sementes foram lançadas em um lugar muito rochoso e inóspito, onde o vento, o sol, a chuva e as tempestades eram muito fortes. Duas delas acharam que, se ficassem quietas dentro de sua casca, estariam muito bem protegidas e confortáveis, visto*

que não teriam que sofrer as inclemências do tempo; as outras duas decidiram se enterrar na escuridão, não importando o frio, a umidade e o medo que tivessem que suportar para poder ser o que estavam destinadas a ser. As duas primeiras sementes, com o tempo, pouco a pouco foram rachando e secando, enquanto, invejosas, viam suas duas amigas se transformarem em duas lindas plantas, cheias de flores que, com seu aroma e doçura, inundavam o campo. Elas viam suas companheiras se abraçando e dançando felizes com o vento, o ar e o sol e sentiam grande tristeza ao ver que, por medo, simplesmente se limitaram a sobreviver dentro de uma casca, sem desfrutar de toda a magia, a cor, a beleza e a vida que lhes haviam sido oferecidas.

Por isso, lembre que a colheita de hoje, boa ou ruim, não é importante, pois é o resultado do que semeou ontem; o importante é que hoje você escolha semear no jardim de sua mente pensamentos deliberados de amor, paz e abundância, pois será isso o que atrairá para sua vida e será sua colheita de amanhã.

Você deve aprender a celebrar e a apreciar sua vida, cada instante que viver, e a agradecer pelo simples fato de estar vivo. Quando entender que a vida como tal é bela (mesmo que aquela pessoa não esteja a seu lado ou que tenha perdido aquilo que era importante), começará a celebrá-la e a desfrutá-la plenamente.

Abra suas asas e voe

Quando praticar em sua vida diária a visualização criativa, a meditação e o serviço amoroso, seu espírito começará a vibrar em uma frequência mais alta e o levará a uma dimensão mais elevada, e aquilo que considerava problemas pouco a pouco deixarão de ser e sua vida tomará outro rumo.

A partir de hoje, comece a desfrutar as coisas pequenas e simples, pois a vida é feita com base nelas, e realize com força as mudanças que sabe que necessita para poder ter a vida que deseja. Existem muitas coisas que você pode começar a realizar e que o ajudarão a retomar as rédeas de sua vida.

- *Atreva-se a agir*. Seja responsável por si mesmo, encontre a missão e o propósito de sua vida, goze-os, saboreie-os com seus sentidos. Autorrealização é encontrar todos os talentos naturais, dons e aptidões que nascem espontaneamente dentro de si, sem necessidade de serem aprendidos artificialmente. Ao fazer isso, virão outras fontes de prazer e alegria, e você deixará de centrar toda sua energia no objeto de apego, sentindo-se independente e livre.
- *Concentre-se e desfrute o que tem neste momento*. Quando aprender a entender isso, verá que é tudo do que necessita para ser feliz. Deixe de centrar sua atenção nas coisas que você não tem.
- *Valorize, aprecie e agradeça pelas coisas que o fazem se sentir bem*, por menores que sejam. Faça uma lista das coisas boas que tem na vida e comece a se sentir agradecido por tê-las.
- *Explore, viva e desfrute intensamente cada instante de sua vida*. Não deixe de ser você mesmo e de fazer as coisas de que gosta pelo fato de amar uma pessoa.
- *Faça o que ama e ame o que faz*. Imprima fé, paixão e amor a tudo o que estiver realizando.

- *Preste atenção e focalize as coisas lindas* que quer atrair para sua vida, e não as coisas feias que não quer ter.
- *Desfrute sua solidão*. Não tenha medo de sair sozinho. Primeiro ame a si mesmo, e depois saia, explore e ame a quem chegar à sua vida.
- *Respeite e valorize a si mesmo*, sem passar por cima de seus princípios.
- *Dê à sua vida um sentido claro e natural de serviço aos outros.*
- *Ame sem condicionamentos*. Não deixe que o estado de conforto, prazer, segurança e bem-estar que essa pessoa lhe oferece se torne imprescindível. Tenha em mente que Deus não disse: "Ame ao próximo mais que a ti mesmo", e sim "Ame ao próximo como a ti mesmo".
- *Explore sem medo*. Quem não se arrisca perde mais do que quem se arrisca. A única forma de vencer o medo é enfrentando-o.
- *Seja autossuficiente*, não se acomode; pare de fazer o papel de parasita e desprenda-se de todas essas amarras que não o deixam agir espontânea e eficientemente para atingir suas metas.
- *Não se prenda ao que você fez, nem ao que conseguiu, e sim ao que sonha e quer fazer*, e assim, finalmente, poderá compreender o que pensa sua mente e o que sente seu coração.
- *Adquira o hábito de se sentar em silêncio e de observar pacientemente*; só assim você poderá ser como um lago de água pura e cristalina, no qual, assim como em sua consciência, tudo pode se refletir, mas o qual nada pode perturbar.

Por mais pressa que tenha, o caminho rumo ao despertar de sua consciência é um processo que deve começar da forma correta; você não pode iniciar pelo final. É como querer ter uma colheita de milho sem antes plantar a semente. Por isso é tão importante que comece a trabalhar todos esses conceitos que aqui lhe dei, pois eles, por meio da auto-observação e da disciplina diária, lhe abrirão as diversas e misteriosas portas da vida e de sua consciência, e isso o conduzirá ao regozijo e ao lugar mais sagrado, no qual reside o verdadeiro amor, que é Deus em seu coração.

Este livro foi composto em Helvetica Neue e Janson Text
e impresso pela Intergraf para a Editora Planeta do Brasil
em maio de 2018.